AF525709

Reichel
Verlag

Renate Linsmeier

Lichtvolle Gebete

Heilung für Dich und die Welt

93055 Regensburg
E-Mail: info@reichel-verlag.de
www.reichel-verlag.de

Cover-Gestaltung Christian Wolf

ISBN 978-3-946959-98-4

Über das Buch

Ein Gebetsbuch, dessen Gebete und Meditationen die unterschiedlichsten Themen des Lebens aufgreifen und zur Heilung von Mensch, Natur und Tier beitragen. Sie werden begleitet von unterstützenden Meditationen, um Stille und Frieden in Dir hervorzurufen.

Über die Autorin

Renate Linsmeier, 1964 in München geboren, lebt mit ihrer Familie südlich von München. Sie ist seit über 20 Jahren auf dem spirituellen Weg und wurde in Schamanismus, in der Gebetsheilung und in psychologischen Beratungen ausgebildet. Seit Jahren arbeitet sie als Medium und gibt in ihrer Akademie für BewusstWerdung und Medialität Workshops und Seminare. Ihre ersten Veröffentlichungen, „Gebete für die Seele in der neuen Zeit“ und „Herzbrennen“, sind 2017 und 2020 über Book on Demand beim Rediroma Verlag erschienen.

„Des Menschen Himmelreich
liegt nicht in der Ferne,
sondern in ihm selbst.
Und gleichwohl Ihr mich in der Ferne wähnt,
bin ich doch unter Euch.
Ich bin hier, schon lange zurück.
Ich gehe unter Euch,
ich wandle unter Euch,
immer und zu jeder Zeit.“

Jesus Christus

Inhalt

Mein Dank 11
Vorwort 12
Einleitung 15
Channeling 17
Über das Beten 19
Lichtgebet 22
Liebe 23
Gebet der wahren Liebe 24
Gebet zur Herzöffnung 25
Selbsterkenntnis 26
Gebet zur Selbsterkenntnis 27
Meditation Selbsterkenntnis 28
Selbstliebe 31
Gebet für die Selbstliebe 32
Meditation Selbstliebe 33
Gebet zur Stärkung der Nächstenliebe 36
Gebet zur Stärkung des Selbstbewusstseins 37
Achtsamkeit 38
Achtsamkeitsgebet 39
Gebet für die Leichtigkeit 40
Meditation Auflösung negativer Glaubensmuster über Dich 41
Gebet für das Selbstvertrauen 45
Würde 46
Gebet zur Belebung der Würde 46
Heilungsgebet für den Körper 47
Angst 48
Gebet zur Angstbefreiung 49
Channeling 50
Heilungsgebet die Angst überwinden 51
Gebet für den Sinn im Leben 52
Kraftgebet 53

Gebet für eine positive Ausrichtung 54
Gebet für Lebensfreude 55
Gebet für Zuversicht 56
Gebet für Hoffnung 57
Vergebung 58
Vergebungsgebet für mich selbst 59
Meditation Vergebung 60
Scham und Schuld 63
Gebet zur Befreiung von Scham 65
Gebet zur Befreiung von Schuld 66
Gebet zur Befreiung von Schuld anderer 67
Gebet zur Vergebung für andere 68
Vergebungsgebet für Verstorbene 69
Trauer 70
Gebet nach dem Übergang 72
Gebet, um Verstorbene gehen zu lassen 73
Gebet für den Schmerz 74
Gebet zum Verabschieden 75
Gebet für die Verbindung 76
Meditation Waschung eines Verstorbenen 77
Gebet so nahe bei Gott 79
Meditation, um die Leere zu füllen 80
Gebet, um den Verlust zu verstehen 82
Der Tod 83
Channeling 85
Der Tod spricht 85
Gebet zur Verabschiedung von Tieren 86
Spiritualität 87
Glaube und Spiritualität von Begrifflichkeiten 87
Gebet zur Stärkung der Herzverbindung 91
Channeling 92
Stille 93

Gebet, um in die Stille zu kommen 94
Das Höhere Selbst 95
Atemübung zum Höheren Selbst 96
Entwicklung 98
Gebet zum Loslassen 100
Erdung 101
Meditation Erdung und Reinigung 102
Körpergebet 106
Gebet, um in die Eigenverantwortung zu treten 107
Channeling 108
Gebet zur Entfaltung meiner Möglichkeiten 109
Meditation Reinigung und Aktivierung der Zirbeldrüse Eine Reise zu den Plejaden 110
Gebet für Klarheit 114
Der Wandel 115
Das Gebet des Wandels 115
Channeling 117
Meditation Transformation 118
Transformationsgebet 122
Mitgefühl 123
Gebet zur Steigerung des Mitgefühls 124
Schutzengel 125
Meditation Dein Schutzengel 125
Gebet für den Schutzengel 127
Gelübde, Eide und Schwüre 128
Gebet zur Ablöse von Eiden, Gelübden und Schwüren 129
Gebet für die Freiheit 130
Meditation Lichtmeditation 131
Schutz 135
Schutzgebet 136
Segnungsgebet 137
Dankbarkeit 138
Dankesgebet 139

Dank an Deinen Körper ... 140
Die Erde ... 141
Gebet zur Heilung von Mutter Erde ... 143
Meditation Heilung für Mutter Erde ... 144
Dank an Mutter Erde ... 146
Gebet zum Schutz unserer Tiere und Pflanzen ... 147
Gebet zum Schutz von Haustieren ... 148
Gebet für alle Tiere ... 149
Gebet für die Pflanzen und Steine ... 150
Gebet für Wasser ... 151
Das aramäische Vaterunser ... 152
Das aramäische Gebet ... 153
Kinder ... 154
Schutzgebet für Kinder ... 155
Gebet zur Unterstützung psychisch kranker Kinder ... 156
Gemeinsam mit Kindern beten ... 157
Gebet, um ängstliche Kinder zu stärken ... 158
Gebet zur Ausrichtung auf eine positive Zukunft für Jugendliche ... 159
Meditation Der Rat der ältesten Tiere ... 160
Gebet Setzung positiver Glaubenssätze ... 163
Gebet zur Hilfestellung bei Einsamkeit ... 164
Schlusswort ... 165

Mein Dank

Mein Dank geht an die geistige Welt, die mich wieder einmal beim Schreiben unterstützt hat. Ich weiß, dass ich durch sie immer getragen und gehalten, geführt und geborgen bin. Jedoch empfinde ich jedes Mal erneut ein Glücksgefühl und einen großen Segen, wenn ich im Nachhinein, nach ein paar Tagen, das Geschriebene erneut durchgehe und erstaunt feststelle, was da zu Papier gekommen ist. Ich kann kaum ausdrücken, wie erfüllt und dankbar mich das macht. Danke!

Dankeschön an meine Familie, die mich in Ruhe lassen kann, viele Stunden, weil ich beim Schreiben einfach dieses Versinken in die Materie in Verbindung zur geistigen Welt brauche. Danke für die Unterstützung meiner Arbeit!

Außerdem möchte ich auch meinen Freunden, meinen Seelenverwandten danken, die mich stets mit ihrer Kritik, ihrer Meinung und ihrem Rat fördern und fordern. Danke!

Auch danke ich jenen, die meine Klienten, Kursteilnehmer und Schüler waren. Für Euer Feedback und Eure Ermunterung und die Nachfrage, dieses neue Buch zu Papier zu bringen. Ihr wisst, Ihr seid immer in meinem Herzen.

Zum guten Schluss möchte ich mich bei Bettina Büx und dem lieben Regulus für das wundervolle Vorwort, aber auch die Unterstützung und Hilfestellung bedanken. Für Bettinas Geduld und Liebe, meine ständigen Nachfragen zu beantworten. Herzensdank!

Vorwort

Beten ist Vertrauenssache. Darin sind wir uns wohl alle einig. Schon Johann Wolfgang von Goethe soll dereinst gesagt haben: „Über viele Dinge kann ich nur mit Gott reden." Eben dieses Vertrauen, das der Mensch in den jeweiligen Adressaten seiner Gebete investiert, macht das Gebet zu einer sehr intimen und höchstpersönlichen Angelegenheit. Immer dann, wenn der Mensch den Fokus seiner Gedanken und Gefühle auf die geistige Welt richtet, geschieht Unglaubliches. Im Vertrauen auf die Liebe wagen wir es, uns bedürftig, schwach und somit verletzlich zu zeigen.

An wen auch immer unser Gebet in der geistigen Welt gerichtet sein mag, immer und unfehlbar dürfen wir unserer Intuition Glauben schenken und darauf vertrauen, dass unsere Worte ihr Ziel niemals verfehlen. In der geistigen Welt gibt es keine tauben Ohren! Und verschlossene Herzen schon gar nicht! Hier ist Liebe und nichts als Liebe. Wie gesagt: Beten ist Vertrauenssache. Wenn wir unser Herz öffnen, dann legen wir unser Gemüt blank, wir machen unsere Seele nackt. Im Gebet sind wir ganz wir selbst, wir lassen uns fallen in dem tiefen unverbrüchlichen Vertrauen, dass wir niemals tiefer fallen können als in die liebenden Arme unseres Schöpfers, der uns allzeit sicher und sanft auffängt.

Nur im Gebet wagen wir es, völlig echt und authentisch zu sein, und hier können und dürfen wir es denn auch getrost sein. Was, wenn nicht die bedingungslose Liebe der geistigen Welt, könnte dieses blinde Vertrauen jemals rechtfertigen? Wenn wir unsere nur allzu menschlichen Sorgen, Nöte, Ängste und Zweifel vorbringen, dann gehen wir in direkte und sehr bewusste Verbindung mit der Liebe selbst und damit mit der schöpferischen Urquelle allen Seins. Wir erheben uns in sehr konkreter Weise über die Illusion von Trennung und Alleinsein hinaus und verbinden uns mit der Energie, aus der wir hervorgegangen sind. Beten ist Heimkommen, und Heimkehr ist immer heilsam. Das Gebet ist – auch und gerade hier, in irdischen Gefilden – eines der machtvollsten Instrumente, das uns an die Hand gegeben ist, wenn es darum geht, das Leben mit all seinen Herausforderungen und Unwägbarkeiten zu meistern und zu bewältigen.

In der Freude und Dankbarkeit findet die Zwiesprache mit unserer geistigen Heimat schließlich ihren unschätzbaren Höhepunkt. Dankbarkeit schärft unser Bewusstsein für all die Segnungen und Geschenke, die das Erdenleben immer auch im Gepäck hat. Dankbarkeit macht glücklich!

Die Zwiesprache mit der geistigen Welt lässt uns immer und unfehlbar zurück in der sicheren Gewissheit, dass wir nicht allein sind. Niemals und nirgendwo. In dieser Weise gestärkt und energetisch aufgeladen, können wir zuversichtlich voranschreiten. Wir fühlen uns erleichtert, verstanden, getröstet und zutiefst geliebt.

Unsere Gebete finden Gehör, immer und jederzeit, in welcher Weise auch immer. Das Gebet fördert unser Urvertrauen in die geheimnisvolle Dynamik des Lebens als solches, denn hier fühlen wir uns an die Hand genommen, geführt und begleitet auf all unseren Wegen. Das Gebet ändert die geistige Welt nicht. Dort ist Liebe und nichts als Liebe. Was also könnte dem hinzuzufügen sein? Aber es verändert uns! Im Gebet erheben wir uns über die Materie mit all ihren Illusionen und Irrtümern. Wenn wir beten, bewegen wir uns hinein in die Gefilde der ewig gültigen Wirklichkeit, die einzig in der Liebe gefunden werden kann. Und so kann es niemals sein, dass ein Gebet ohne Folgen bleibt. Das Gebet heilt unsere Wahrnehmung der Wirklichkeit, weil es uns die Augen und das Herz für die unermessliche Liebe des Schöpfers öffnet.

In seinen vierten Botschaften bezeichnet Regulus, geistiger Lehrer aus der Dimension der Erzengelebene, neben der Musik und dem Humor das Gebet als eine der drei „Säulen des Glücks". Tatsächlich ist ein sinnerfülltes und geglücktes Leben ohne das Gebet und damit ohne bewusste Anbindung an die geistige Welt hier in irdischen Gefilden kaum vorstellbar. Erst im Gebet, in der bewussten

Verbindung und Zwiesprache mit unserer geistigen Heimat, können wir uns auch auf unserer Erdenreise sicher, geborgen und allzeit wohlbehütet fühlen. Hier wird uns bewusst, dass wir unsere himmlische Heimat niemals wirklich verlassen haben und es auch gar nicht können, denn die Liebe des Schöpfers ist allgegenwärtig. Und so ist es denn auch, dass Liebe gleichermaßen Türöffner und Wegweiser ist, der jegliches Gebet sicher an sein Ziel geleitet. Liebe und Hingabe, mehr braucht es nicht, mehr hat es nie gebraucht.

Und so überlasse ich Sie, liebe Leserin, lieber Leser, denn getrost und aus tiefster Überzeugung dieser wundervollen und beeindruckenden Textsammlung, die wahrlich ein Gnadengeschenk ist. Mögen diese heilsamen Worte, die aus unserer himmlischen Heimat zu Ihnen gefunden haben und sich als Unterstützung und Hilfestellung anbieten, Ihnen zu größtem Wohle gereichen.

Bettina Büx

Autorin der Buchreihe „Die Regulus-Botschaften"

Einleitung

In den jetzigen unruhigen Zeiten fragte ich mich, was ich dazu beitragen könnte, um der Welt etwas Licht zu schenken. Und wenn dann der Tag ein Ende fand, die Sonne sich verabschiedete und der Mondin Raum schenkte, saß ich da und suchte nach Worten. Worte, die ich in die Welt schreien wollte, um ihr Trost und Liebe zu geben. Worte für mich, für andere Menschen, für Tiere und Pflanzen, für alles, was existiert. Tatsächlich fiel es mir manchmal schwer, die richtigen Worte zu finden. Gerade mir, wo ich doch in meiner spirituellen Arbeit gewohnt war, mich auszudrücken auf eine Weise, bei der man die Anbindung an die geistige Welt immer herauszuhören vermag. Doch am Ende blieb immer ein Gebet. Das habe ich erkannt und es hat mich motiviert, erneut in der geistigen Welt nach neuen Gebeten zu fragen. Wie schon in meinem Buch *Gebete für die Seele* sind die Gebete durchwegs Durchsagen von Wesenheiten aus Licht und Liebe wie der Hl. Franziskus, Erzengel Gabriel oder meine Geistführerin.

Wir wünschen uns alle eine andere Welt, in der mehr Liebe und Frieden Platz finden. Ich bin fest davon überzeugt, dass wir genau dort hinkommen und sich das Licht auch durchzusetzen vermag. Jedoch bedarf es wohl noch eines längeren Atems für die Zeit der Überbrückung, um den Zusammenbruch des Alten, das Einstürzen unserer festgefahrenen Gedankengebäude und die Konfrontation mit unseren Ängsten erst einmal zu überstehen.

Wir können wählen, welchen Weg wir einschlagen und von welcher Motivation wir uns leiten lassen. Die Welt im Wandel beginnt mit uns selbst. Niemand kommt und vollzieht ihn für uns. Jeder Einzelne ist gefordert, seinen eigenen Wandel, ja seinen Aufstieg, wenn man so will, selbst in seinem Leben zu etablieren. Ja, ganz recht, jede persönliche Weiterentwicklung ist sozusagen ein Aufstieg. Wir sind die Meister unseres Selbst. Möchten wir Veränderung, dürfen wir bei uns selbst beginnen.

Es liegt an uns, ob wir uns antreiben lassen von Liebe und Licht oder Angst und Schatten. Unsere Ausrichtung auf unsere mögliche Zukunft war noch nie so entscheidend wie in diesen Tagen. Damit erschaffen wir die Zukunft der Welt. Welchen Motivator wählst Du?

Bettina Büx und ihr Seelenführer Regulus haben mit ihrem wunderbaren Vorwort die Tür zu dieser Gebetsreise geöffnet. Bettina, die inzwischen in 9 Bänden Regulus' Botschaften aufgezeichnet hat, hat mit diesen Werken eine Grundlage geschaffen, die uns Menschen einen Einblick gibt, wie die feinstoffliche Welt ist. Ein Geschenk an uns, indem wir erfahren, wie die Göttlichkeit in uns Menschen wahrhaftig ist. Wir erhalten durch diese Werke, die gleichermaßen von einer Logik und einer Weisheit strotzen, wie nur die geistige Welt sie auszudrücken vermag, Wissen über uns selbst, welches weit über das hinausgeht, was wir im Allgemeinen annehmen.

Liebe Leserin, lieber Leser, dieses Buch möchte Dich begleiten. Zwischen den Gebeten zu den einzelnen Themen habe ich mich mit Texten bewusst kurzgehalten.

Mit einigen Mediationen zwischendurch kannst Du je nach Thema, Lust oder Laune eine Pause im Alltag einlegen und Dich auf eine Reise in Dein Inneres begeben. Lass Dich also dazu einladen, dieses Buch als Praxisbuch zu nutzen und je nach Bedarf aufzuschlagen und anzuwenden. Zur Unterstützung Deines persönlichen Wachstums und Deiner Heilung.

Auf dass Du allezeit behütet und gesegnet sein mögest.

Renate Linsmeier

Channeling

„In den Tränen, die Ihr heute weint, ist alles enthalten.

Alle Verzweiflung über die Machtlosigkeit und Ohnmacht gegenüber dem Weltgeschehen.

Aller Schmerz über die Ungerechtigkeit, die Ihr gerade erfahren müsst.

Aller Schmerz, der Eure Herzen aufbrechen lässt, durch die Verleumdung und Anklage Eures Bruders.

Alle Trauer über das Erkennen der großen, seelischen Schäden, die bei Euch und anderen gerade ausgelöst werden.

Alle Ängste. Die, die aus Euren alten Geschichten heraus neu entfacht werden. Und die, die jetzt gerade hervorgebracht werden, weil Ihr im Ungewissen seid.

Alle Gefühle, die mit Einsamkeit und Verlassenheit zu tun haben, weil Ihr Euch isoliert aufhalten müsst, beraubt der zwischenmenschlichen Nähe.

Ihr weint die Tränen der Mütter und Väter, der Töchter und Söhne.

Die Tränen der Ahnen und Ahninnen aus all Euren Inkarnationen.

Ihr weint die Tränen der Tiere und Pflanzen.

Ihr weint die Tränen von Eurer großen Mutter Erde.

Ich sage Euch: Weint auch die Tränen der Hoffnung, denn sie sind der Nährboden für die Neue Welt.

Segnet Eure Tränen! Segnet das Licht in ihnen!

Und lacht.

Lacht für die Heilung,

lacht für die Sonne,

lacht für die Transformation,

lacht für den Frieden,
lacht für die Einsamen,
lacht für die Traurigen,
lacht für die Verzweifelten,
lacht für die Irregeführten,
lacht für Eure Herzen.
lacht für Eure Seelen.
Segnet Euer Lachen! Segnet das Licht in ihm!

Haltet fest an Eurem Glauben.
Eurem Glauben an das Gute,
an die Wahrheit,
an das Licht.
Glaubt an das Licht. Segnet das Licht!

Ihr seid nie allein. Macht die Augen auf und seht, wir sind da.
Spitzt die Ohren und Ihr könnt uns hören.
Öffnet Eure Herzen und Ihr könnt uns spüren.
Friede sei mit Euch und allen.“

Es sprach *Sangylla, plejadische Priesterin*

Über das Beten

„Gäbe es auf der Welt nur ein Gebet,
das Wort DANKE wäre wohl genug.“

Rumi

Wie alle meine Gebete sind auch die folgenden nicht als Bitten ausgelegt und nicht „gegen“ etwas. Wie in alten Kulturen werden die Gebete so gebetet, als ob sie sich schon erfüllt hätten.

Wenn wir um etwas bitten, nehmen wir uns aus der Eigenverantwortung. Wir geben sie ab, und aus einem Mangel heraus hoffen wir, dass „es jemand für uns richtet“. Das kann nicht stimmig sein. Beten wir gegen etwas, sind wir auf das fokussiert, was wir nicht haben möchten. Wie können wir etwas in unser Leben ziehen, wenn wir uns darauf konzentrieren, was wir nicht möchten? Das ergibt wenig Sinn, nicht wahr? Unsere Ausrichtung sollte deshalb immer auf dem liegen, was wir in unserem Leben haben bzw. sein möchten.

Wir verbinden uns damit mit einer unserer Zukunftsmöglichkeiten, die bereits im Universum vorhanden ist. Wir docken an, sozusagen. Jedoch möchte ich Dich dazu ermuntern, Deine eigene Situation selbstkritisch zu betrachten. Entwicklung findet über das Leiden statt. Unglücklicherweise ist das so. Jedoch lässt es uns, wenn wir eine schwierige Herausforderung in unserem Leben gemeistert haben, gestärkt und gewachsen daraus hervorgehen. Ich möchte Dich dazu einladen, Deine Gedankenstrukturen einmal zu betrachten. Zu prüfen, inwieweit Du noch in Deinem Leid gefangen bist. Unser Ego liebt unser Opferdasein und unternimmt alles ihm Mögliche, damit wir auch darin bleiben. Dazu holt es sich Helfer wie Selbstzweifel oder Angst.

Kreisen Deine Gedanken in erster Linie darum, wie schlecht es Dir geht? Oder richtest Du Deine Gedanken bereits darauf aus, welche Lösung es für Dich geben könnte? Wenn Du Dich entschieden hast, Altes abzustreifen, aufzulösen und loslassen zu wollen und zu transformieren in etwas Neues, Unbekanntes, dann hast Du Dich dazu entschieden, aus der Opferrolle herauszutreten. Nur dann ist es möglich, an eine geheilte, mögliche Zukunft anzudocken. Zu Beginn steht die Entscheidung. Also treffen wir eine klare Entscheidung für unser Glück, unsere Heilung und Entwicklung, dann wird uns das Universum dabei unterstützen. Als Erstes jedoch müssen wir die Verantwortung für uns selbst und unser Handeln übernehmen.

Selbstverantwortung ist ohne Anspruch.
Sie wartet still ab, bis wir sie einladen, uns zu dienen.

Konzentriere dich also, wenn Du ein Gebet sprichst, auf jedes Wort und fühle, dass das, wofür Du betest, schon eingetroffen ist. Spüre all die positiven Emotionen, die Du empfinden würdest, hätte sich das Gebet schon erfüllt. Also z. B. Glück, Liebe, Freude, Freiheit usw., Dankbarkeit dabei zu fühlen ist ganz entscheidend. Denn wann bedanken wir uns? Genau, wenn wir etwas bekommen haben. So bedanken wir uns also dafür, ganz so, als hätten wir das Gewünschte schon empfangen.

Ich habe die tollsten Feedbacks bekommen von Menschen, die die Gebete sozusagen in voller Inbrunst gebetet haben.

„Ein warmes, wohliges Gefühl in meiner Magengegend breitete sich plötzlich aus …“,
„… und plötzlich wusste ich, es ist wahr …“
oder „… ich habe förmlich gespürt, wie ich leichter wurde und ganze Felsbrocken von mir fielen …“

Auch wird mir immer wieder erzählt, dass Menschen meine Gebete nutzen, um mit ihren Klienten zu arbeiten. Das erfüllt mich mit Freude und Dankbarkeit.

Es gibt keine Vorschrift oder Regel, wie man beten sollte. Bete, wann immer und wo immer Du möchtest. Allerdings empfehle ich Dir ein ruhiges, ungestörtes Plätzchen, wo Du für einen Moment an Deinen inneren Ort reisen kannst und die nötige Ruhe dazu hast.

Ob Du die Hände zum Gebet faltest, auf Knien betest oder im Stehen die Arme ausbreitest, spielt keine Rolle. Das Gebet wird nicht wirkungsvoller, wenn Du kniest, oder „heiliger", wenn Du die Finger verschränkst. Bete in der Haltung, in der Du Dich wohlfühlst. Dann ist es immer richtig.

Gebete sind ein altbewährtes Mittel, uns dabei zu unterstützen, positive Dinge in unser Leben zu ziehen, bei Heilungsprozessen oder um uns zu stärken und unser Wachstum zu fördern. Und sie sind bestens geeignet, auch jemand anderen zu unterstützen. Denn für jemanden beten darf man immer, auch wenn derjenige nichts davon weiß. Sie ersetzen jedoch keinesfalls den Arzt oder Therapeuten.

Mein wichtigstes Gebet in unserer herausfordernden Zeit ist das Lichtgebet. Ich bekam es von meiner Geistführerin. Ich bat um ein Gebet, welches jeder beten kann, der sein Licht in die Welt schicken möchte und doch keine Worte findet. Wenn ich es weitergegeben habe, haben die Dankbarkeit und das Feedback der Menschen meine Intention bestätigt. Ich bete es jeden Tag und stelle mir dabei vor, wie mein Licht um die Welt strahlt. So soll es das erste Gebet in diesem Buch sein.

Lichtgebet

Ich begrüße den Wandel und verlasse die Angst.
Zuversicht lebt auf und Sorge ergibt sich.
Vertrauen gewinnt und Ohnmacht wird bedeutungslos.
So wächst meine Kraft bis in den Himmel.
Licht ist mein Schwert, dennoch kämpfe ich nicht.
Ich sende Frieden in die Welt, so wie ich Frieden bin.
Ich schicke Licht um die Welt, so wie ich Licht bin.
Ich spende Trost der Welt mit heilender Umarmung,
so wie ich getröstet bin.
Ich schenke Liebe der Welt, so wie ich Liebe bin.
Ich schaffe Heilung für die Welt, so wie ich geheilt bin.
Ich spreche Vergebung für alles, was je getan,
so wie ich für Vergebung zu mir selbst stehe.
Und so, wie ich dankbar bin, sende ich Dank aus in die Welt und
lasse die Dunkelheit in Liebe gehen und wandeln.
Ich bin frei.
Möge dies heilsam und lichtvoll sein für Alles-was-Ist,
im Konsens mit der göttlichen Ordnung und den kosmischen
Gesetzen.

Amen

Liebe

Nichts verschafft uns einen tieferen Einblick in unsere Seele als die Liebe und der Schmerz.

Genauso wie der Frieden, so kann auch die Liebe nur in der Welt spürbar werden, wenn wir sie zuerst in uns selbst entfachen. Wir müssen sie weder suchen noch finden, uns nicht verdienen und auch nicht erarbeiten. Wir sollten sie schlichtweg nur in uns erkennen.

Liebe ist frei von Forderungen und Erwartungen, frei von Bewertung und Dogmen. Liebe ist allumfassend und allgegenwärtig. Sie ist immer als die größte Macht im Universum vorhanden. Da wir ein Teil des Universums sind, sind auch wir Liebe. Und so, wie wir den Frieden nur in uns selbst finden können, verhält es sich auch mit der Liebe.

So lasst uns unsere Herzen öffnen und die Liebe in uns selbst wieder entdecken. Denn Liebe ist. Immer …

Und so kann ich Gott schauen, denn ich liebe.

Gebet der wahren Liebe

Die reinste, göttlichste und mächtigste aller Kräfte
steht nun vor mir.
Die wahrhaftige Liebe, so kraftvoll und gewaltig.
Folgend ihrer Einladung,
öffne ich Arme und Herz.
Heiße sie willkommen in mir.
Berührt sind Körper, Geist und Seele.
Ich höre sie flüstern:
„Sei bereit zu empfangen, sei bereit zu geben.
Die Zeit des Lichtes ist gekommen.“
Ich werde sie bergen in meinem Sein,
welches ewig ist wie das Gras.
Sie ist voll der Gnade, barmherzig und wahr.
So, wie meiner Seele Bitte schon immer hieß.
Ich bin das Licht und ich bin die Liebe.
Nun trägt sie mich
zu meinem Ort.
Zu dem Ort, der überall ist.
Denn ich bin alles.
Ich bin Frieden.
Ich bin.
Ich liebe.
In unendlicher Dankbarkeit.

Amen

Gebet zur Herzöffnung

In diesem Moment,
in dem ich mich in meiner tiefsten Präsenz spüre,
sehe ich in mein Herz.
Ich sehe Gold und Violett,
reines Weiß und funkelndes Kupfer.
Ich dehne es aus, mein Herz.
Über meinem Körper hinaus,
über diesen Raum hinaus,
über diese Welt hinaus.
Ich öffne es und dehne mich aus.
So wunderbar verbunden
mit allem, was ist,
fühle ich die Liebe,
die ich selbst bin.
Danke.

Amen

Selbsterkenntnis

So viele Menschen wissen nicht, wer sie sind. Die meisten, würde ich sagen. Doch um uns selbst annehmen und lieben zu können, und zwar bedingungslos, ist es unumgänglich zu erforschen, wer wir sind. Eine der zentralen Fragen unseres Seins. Möglicherweise liegt der einzige Sinn des Lebens darin, wieder zu erkennen, wer wir wirklich sind.

Einmal ehrlich, wer kann diese Frage wirklich beantworten? Natürlich sind wir Väter, Mütter, Söhne, Töchter, Großmütter und Großväter, Schwestern und Brüder. Doch das ist mit dieser Frage nicht gemeint. Wer bist Du? Wer bist Du, wenn Du Dich schälst, wenn Du vordringst bis zu Deiner Essenz? Was macht Dich aus? Wer bist Du, wenn Du niemand mehr sein musst? Mit Sicherheit nicht der, der Dir eingeredet wurde zu sein. Sondern viel mehr, als Du es Dir vorzustellen vermagst.

Ich habe bis heute in meiner ganzen spirituellen Zeit, die ich nun schon mit Menschen arbeite, nur einmal, nur ein einziges Mal eine Antwort erhalten, bei welcher ich dachte: Ja, dieser Mensch weiß, wer er ist.

Mit seiner Erlaubnis darf ich hier seine Antwort abbilden. Ich habe mich dafür entschieden, weil er es so niederschrieb, als wäre es ein Gebet, und es einfach wundervoll ist. Vielleicht ein Gedankenanstoß an Dich, auch einmal, für sich selbst im Stillen, dieser Frage nachzugehen. Denn: Wie kann ich mich selbst lieben, wenn ich nicht weiß, wer ich bin?

„Ich bin geboren als reines, unverletztes, liebendes Wesen
und das ist mein wahrer Kern.
Niemand kann mich wirklich verletzen.
Ich bin unverwundbar.
Alles, was ich bin, war ich schon, bevor ich auf die Welt kam.
Ich benutze dieses Leben, um Erfahrungen zu sammeln,
Liebe zu erleben, Gefühle zu erleben.
Ich bin die Liebe selbst.
Ich vergebe mir alle meine Sünden und Versäumnisse
sowie alle Verletzungen, die ich anderen und mir angetan habe.
Ich vergebe mir in Liebe."

Gebet zur Selbsterkenntnis

Jetzt, da ich mich sehen kann,
erkenne ich mich selbst,
stehe an der Quelle und darf entdecken,
wer ich wirklich bin.
An meinem innersten Ort,
wo nichts ist und alles,
kann ich verstehen,
wie mich das Göttliche gemeint hat
und wie sehr ich die Liebe bin.
Alle Zweifel und Befürchtungen
wandle ich in Zuversicht.
Alle Erwartungen und Unsicherheiten
wandle ich in Hoffnung und Glauben,
und Angst gibt sich der Liebe hin.
Ich lasse los, was mir nicht mehr dient,
und begrüße mein wahres Sein.
Verbunden mit mir, und damit mit allem,
wandere ich leuchtend durch die Welten,
wie schon immer,
seit Anbeginn meiner Zeit.
Danke.

Amen

Meditation Selbsterkenntnis

Schließe die Augen und richte Deine Aufmerksamkeit auf Deinen Körper. Spüre, wie Du auf der Unterlage aufliegst oder sitzt, und erlaube es Dir, es so bequem wie möglich zu haben.

Beginne bei Deinen Füßen und Unterschenkeln. Ist dort noch irgendeine Anspannung zu spüren, so lasse jetzt los. Gehe weiter zu Deinen Oberschenkeln, Gesäß und Unterbauch. Fühle, ob Du Dich irgendwo anspannst, und lasse auch dies los. Gehe weiter zu Deinem Oberkörper und den Schultern und fühle nach, ob dort irgendeine Anspannung zu spüren ist. Ist es so, lasse los, lasse sie gehen.

Und weiter zu Deinen Armen, bis in die Fingerspitzen und zu Deinem Hals und Nacken. Liege ganz locker und lasse Deine Arme mit Schultern einfach auf die Unterlage fallen. Löse alle Anspannung, die möglicherweise noch vorhanden ist. Nun richte Deine Aufmerksamkeit auf Deinen Kopf und Dein Gesicht. Sind Augenpartie und Kieferbereich gelöst und entspannt? Liegt Deine Zunge locker in Deinem Mund oder drückst Du Sie unbewusst noch gegen Deinen Gaumen? Wenn ja, löse auch diese Anspannung und lasse Deinen Körper völlig loslassen.

Visualisiere Deine Verbindung zum Kosmos über den hellen, leuchtenden Lichtstrahl, der durch Dein Scheitelchakra fließt, bis über Deine Wurzeln, die Dich mit Mutter Erde verbinden, tief in die Erdmitte, zum Erdkern. Du bist verbunden mit dem Kosmos und mit Mutter Erde.

Nun richte Deine Aufmerksamkeit auf Deinen Atem. Atme etwa drei Sekunden tief ein, halte den Atem für ca. drei Sekunden fest und atme danach durch den Mund etwa sechs Sekunden wieder aus. Dabei ist es nicht wichtig, genau dieses Zeitintervall einzuhalten. Erlaube Dir, die Atemtechnik genau auf Dein Bedürfnis anzupassen. Also atme ganz intuitiv, vielleicht ein wenig länger oder kürzer.

Nimm Dir einige Momente, in denen Du diese Art des Atmens durchführst. Einatmen, den Atem anhalten und ausatmen. In Deinem Tempo, in Deinem Rhythmus, in Deiner Zeit. Übe diese Atemtechnik einige Momente und spüre, dass Du immer weiter in die Entspannung kommst.

Übergib Deinen Atem jetzt wieder Deinem Unterbewusstsein und lasse Dich atmen. Lasse ihn ganz unbewusst fließen. Nimm keinen weiteren Einfluss auf ihn. Beobachte einfach, was Dein Körper tut, damit Du atmen kannst, ohne dies zu bewerten.

Ich lade Dich nun ein, Dich völlig auf Dein Inneres, Deinen Kern zu zentrieren. Nimm Deine Essenz nun ganz deutlich wahr und spüre, wie zentriert Du in Deinem Inneren bist, während Deine äußere Hülle und Deine Dich umgebenden Energiekörper in ein neutrales Nichts übergehen. Du bist vollkommen bei Dir, in Dir und nimmst diese starke, unglaubliche Liebe wahr, die Deinen innersten Kern ausmacht. Dies ist Deine wahre Essenz.

Sprich in Gedanken zu Dir: Ich bin, ich bin, ich bin. Wiederhole dies noch einige Male, so wie es Dir guttut.

In diese präsente Energie eingehüllt, fühle, wie sich dieses Nichts, welches Dich nun umgibt, anfühlt, während es sich immer weiter ausdehnt. Dieses Nichts, welches doch alles ist, birgt jede Deiner Möglichkeiten. Spüre, wie es weiter und weiter wächst und sich ausdehnt. Über diesen Raum hinaus, über diese Stadt hinaus und über diese Welt hinaus. Weit in das Weltall, in das unendliche Universum. Begib Dich hinein in Dein pures Seelensein.

Sprich in Gedanken zu Dir: Ich liebe. Ich liebe. Ich liebe. Wiederhole auch dies noch einige Male, so oft es für Dich passend ist.

Genieße diesen Zustand noch einige Momente und das Gefühl der absolut reinen und ursprünglichen Liebe und Verbundenheit, bevor

Du Dir vorstellst, dass Du mit Deiner Aufmerksamkeit wieder in Deinen physischen Körper gehst.

In Deinem Tempo und in Deiner Zeit komme dann wieder zurück ins Hier und Jetzt, indem Du Deine Füße und Deine Finger ein wenig bewegst. Dich strecken kannst und schließlich wieder die Augen öffnest.

Selbstliebe

Wenn Du erkannt hast, wer Du wirklich bist,
hast Du die wahre Liebe gefunden.

Oft und viel kann man lesen über die Selbstliebe. Unter unendlichen Möglichkeiten an Büchern, Meditationen und Seminaren können wir wählen. Das hat einen Grund. Die Selbstliebe ist schlichtweg eine der Grundsäulen für die persönliche Entwicklung. Ich werde nicht müde, diese immer wieder bei meinen Klienten oder Seminarteilnehmern anzustoßen.

Dabei ist die Herausforderung nicht nur, diese Selbstliebe wieder zu entdecken und in sich aufzunehmen, sondern auch, sie zu behalten, zu pflegen und immer wieder damit zu arbeiten. Die Selbstliebe – wie so vieles andere auch – kann man nicht von heute auf morgen einschalten. Es gibt keinen Schalter, den wir umlegen, und auf einmal ist alles in Ordnung. So, als wenn wir nur ein Licht einschalten müssten. Die Selbstliebe zu finden ist ein jahrelanges, wenn nicht gar lebenslanges Projekt. Denn wir werden immer wieder sogenannten Triggern begegnen, die uns dazu verleiten, uns wieder kleinzumachen. Da heißt es Ausdauer zeigen. Sich nicht von Rückschlägen zurückwerfen zu lassen. Dranbleiben und wachsen. So, wie wir uns selbst weiterbilden und entwickeln, so verhält es sich auch mit der Selbstliebe. Ein Anfangs zartes Pflänzchen zu Beginn unserer Reise will umsorgt und gepflegt werden, damit es nach und nach immer größer werden kann, kräftiger und widerstandsfähiger. Bis es selbst einem Sturm widersteht.

Wenn wir den Grundstein der Selbsterkenntnis wie geschildert gelegt haben, ist dies entscheidend und hilfreich, uns bedingungslos annehmen zu können. Denn: Wenn ich weiß, wer ich bin, weiß ich auch, was ich will und wohin ich möchte im Leben.

Gebet für die Selbstliebe

Nun, da ich mich selbst wiedererkannt habe,
mich selbst wiedergefunden habe,
jetzt, wo ich weiß,
wer ich bin und woher ich komme,
bin ich angekommen,
ganz in meinem Sein.
Muss nicht nach der Liebe lechzen,
finde sie in mir,
spüre sie in mir,
weiß, sie ist immer da
und verlässt mich nie,
denn ich werde mich nie mehr verlassen fühlen.
Oh Freude und Dank
dieser Erfahrung!

Amen

Meditation
Selbstliebe

Schließe die Augen und erlaube es Dir, es so bequem wie möglich zu haben. Atme ruhig und gleichmäßig, ohne Einfluss auf Deine Atmung zu nehmen. Beobachte einfach, was Dein Körper tut, damit Du atmen kannst, ohne dies zu bewerten.

Gehe mit Deiner Aufmerksamkeit durch Deinen Körper und falls Du eine Körperstelle wahrnimmst, die sich möglicherweise noch in Anspannung befindet, so löse die Spannung ganz bewusst. Lasse los, wo auch immer du Spannung spürst. Beachte auch Deine Gesichts- und Kiefermuskulatur. Liegt Deine Stirn noch in Falten oder drückst Du unbewusst noch Deine Zunge gegen Deinen Gaumen? Wenn ja, so löse auch diese Anspannung und gehe ganz bewusst in die Entspannung.

Stelle Dir vor, Du kannst alles, was Dir nicht mehr dienlich ist, jetzt durch Deine Wurzeln von Deinen Füßen in die Erde ableiten. Alles das, was Du im Laufe der Zeit angesammelt hast an Ballast, bestehend aus z. B. Schmerz, Ärger, Wut, Trauer kannst Du nun an Mutter Erde abgeben und Dich dadurch reinigen. Mutter Erde nimmt uns das gerne ab. Stelle Dir vor, alles fließt durch Deine Wurzeln in die Erde, bis zum Erdkern, an dem Deine Wurzeln fest verankert sind. Alles, was Dir jetzt nicht mehr dienlich ist, darf Dich jetzt verlassen. Nimm Dir einige Momente für diese Reinigung.

Wenn Du das Gefühl hast, alles für den Moment losgelassen zu haben, visualisiere jetzt einen hellen, goldgelben Lichtstrahl aus dem Universum, der durch Dein Scheitelchakra in Dich einfließt und Deinen Körper mit lichtvoller Energie erhellt. Jede Deiner Körperzellen wird erhellt und aufgefüllt. Alle Organe und Blutbahnen, jedes Molekül und Atom wird mit der heilenden Energie erfüllt. Die Energie fließt durch Dein Scheitelchakra durch Dich hindurch und fließt weiter durch deine Wurzeln in die Erdmitte. Du bist verbunden mit dem Kosmos und der Erde, und wie ein Kanal leitest Du die Energie. Nimm Dir auch hier einige Momente, dies zu genießen.

Nun stelle Dir vor, Du bist in einer wundervollen Seelenlandschaft. Möglicherweise findest Du Dich in einem traumhaften Garten mit den wundervollsten Blumen, auf einer grünen Bergwiese oder in einem verzauberten Wald wieder. Die Sonne scheint, es ist warm und Du schlenderst durch Deine wunderschöne Seelenlandschaft. Die Energie dort ist so friedlich und voller Liebe, dass Du Dich rundum geborgen und beschützt fühlst.

Während Du weiterschlenderst, kommst Du an einer bezaubernden Quelle vorbei, an der Du Dich niederlassen kannst. Setze Dich in das weiche Gras oder auf einen Baumstumpf und lege die Hände ineinander, sodass sie eine Schale bilden. Schöpfe damit Wasser aus der Quelle und nimm einen großen Schluck von dem kühlenden, reinen und herrlichen Wasser. Lasse die Hände wie ein Gefäß in Deinem Schoß gefaltet.

Schließe die Augen und stelle Dir vor, wie sich die Schale, Dein Gefäß füllt. Sprich laut aus, womit Du Deine Schale füllst, in Bezug auf Deine Liebe zu Dir. Was auch immer Dir in den Sinn kommt, was Dir an Dir besonders gut gefällt. Welche Eigenschaft Du an Dir magst oder warum Du auf Dich stolz bist.

Vielleicht: „Ich fülle in meine Schale meine einfühlsame Art, mit Menschen umgehen zu können“ oder: „Ich gebe in meine Schale meinen unerschütterlichen Sinn für Gerechtigkeit“ oder: „Ich fülle meine Schale mit Stolz, dass ich heute Nein sagen konnte, ohne dabei ein schlechtes Gewissen zu haben“ oder: „Ich lege in meine Schale meine Begeisterung über meine tollen Haare“.

Nimm Dir einige Momente, um Deine Schale zu füllen.

Wenn Du damit fertig bist und Du das Gefühl hast, die Schale wäre genug gefüllt, so sieh Dir an, wie voll sie geworden ist. Nun gehe ganz bewusst in das Gefühl der Liebe. Stelle Dir vor, ein rosafarbenes Licht umgibt Dich. Wie fühlt es sich an, geliebt zu werden? Wo in Deinem Körper spürst Du die Liebe? Die Liebe für Dich selbst? Umhüllt von dieser liebevollen rosafarbenen Energie fühlst Du, wie sich Deine Schwingung erhöht.

Genieße diese liebevolle Wahrnehmung Deiner Selbst noch einige Momente.

Nun sage wiederum laut:

„Ich fülle meine Schale mit Liebe. Liebe, die unendlich ist. Die Liebe zu mir selbst und die Liebe zu allem, was ist“ ...
„Ich liebe, ich liebe, ich liebe.“

Danach trinke noch einen Schluck aus der Quelle, bevor Du langsam Deinen Rückweg durch Deine zauberhafte Seelenlandschaft antrittst. Angezogen von Deiner jetzigen Liebesenergie begegnen Dir möglicherweise noch Tiere auf Deinem Weg. Wenn ja, kannst Du mit ihnen noch etwas verweilen und die Kommunikation aufnehmen. Warum ist dieses Tier gerade jetzt zu Dir gekommen? Könnte es sein, dass es eine Botschaft für Dich hat?

Bist Du am Ausgangspunkt Deiner Reise angekommen, so gehe mit Deiner Aufmerksamkeit wieder ins Hier und Jetzt und bewege Deine Glieder. Strecke Dich in Deiner Zeit und in Deinem Tempo und öffne die Augen.

Gebet zur Stärkung der Nächstenliebe

Ich sehe Dich.
Ich erkenne Deine Zweifel
und lasse sie verblassen.
Ich spüre Deine Ängste
und schenke Dir von meiner Positivität.
Ich fühle Deine Einsamkeit
und meine Umarmung mag heilend sein.
Ich erblicke Verunsicherung
und schicke Dir Zuversicht.

Ich weiß um Deine Ohnmacht
und stärke Deine Selbstverantwortung.
Ich verstehe Deine Verzweiflung
und spende Dir Trost.
Ich nehme Deine Schwäche wahr
und möchte Dich stützen.
Ich spüre Deine Resignation
doch meine Liebe kann Dich beleben.
Du sollst wissen
ich bin bei Dir.

Amen

Gebet zur Stärkung des Selbstbewusstseins

Ich trage meine Stärken,
ich trage meine Kraft,
ich trage mein Wissen,
ich trage meine Fähigkeiten
ganz tief in mir.
Bewusst und gewahr
meines Seins,
meiner Wahrheit,
meiner Gerechtigkeit,
zeige ich mich.
Ich dehne mich aus,
bin präsent
und gegenwärtig.
Gelübde fallen ab und
Belobigung wird unwesentlich.
Allezeit gewesen
von Beginn an und für ewig.
Danke.

Amen

Achtsamkeit

Achtsam zu sein bedeutet in der Liebe zu sein.
Ohne Liebe kann es keine Achtsamkeit geben.

Der Umgang miteinander in Achtsamkeit, wie sehr wünschen wir uns dies. Ich möchte Dich einladen, Dich einmal zu hinterfragen, wo Du in Deinem täglichen Alltag möglicherweise unachtsam mit Deinen Mitmenschen oder mit Dir umgehst. Achtsam zu sein bedeutet präsent zu sein. Leider sind wir oft so im Leistungsdruck gefangen und beschäftigt, dass wir nur noch funktionieren und immer weniger spüren. Das bringt uns Einkommen, doch es trägt uns auch von uns selbst so weit weg, wie die Sterne sind.

Vielleicht magst Du einmal über Deinen heutigen Tag nachdenken? Wann warst Du achtsam oder unachtsam? Wann wäre es angebracht gewesen, achtsamer zu sein? Wie oft hat Dich Dein Partner angesprochen, während Du auf Dein Handy geschaut und in einem sozialen Netzwerk gelesen hast? Warst Du so achtsam, Deinen Partner anzuschauen, während Du seine Frage beantwortet hast? Warst Du präsent, als Deine beiden Kinder gestritten haben, Du vielleicht gekocht hast und ihnen, anstatt hinzugehen und die Situation zu klären, aus der Küche zugerufen hast, sie mögen Ruhe geben? Wenn wir achtsam sein wollen, brauchen wir Präsenz. Präsenz erfordert Zeit. Sollten wir uns nicht diese kurzen Momente nehmen, um unseren Lieben, unseren Kollegen oder unseren Mitmenschen ein wenig Zeit der Achtsamkeit zu schenken? Würden wir uns dies für uns nicht ebenso wünschen?

Wie sieht es mit der Achtsamkeit für Dich selbst aus? Gehst Du achtsam mit Dir um? Schenkst Du Dir Zeit der Präsenz für Dich?

Achtsamkeitsgebet

Jetzt, in diesem Augenblick
spüre ich alles.
Nehme den leichten Windhauch um meine Nase wahr,
wenn ich ein- und ausatme.
Spüre meinen Körper
und wo er schwer trägt.
Fühle mein Herz
pulsierend schlagen in meinen Ohren.
Kann mich wahrnehmen in dem Raum,
in dem ich mich befinde.
Ich betrachte meine Gedanken und lächle.
Und die Glückshormone durchfluten
meinen Körper.
Alle meine heutigen Handlungen, gesprochenen Worte
und stillen Gedanken, werde ich mit Achtsamkeit füllen.
Jetzt, in diesem Augenblick,
spüre ich alles.
Diese Präsenz schenkt mir inneren Frieden,
und ohne etwas dafür zu tun,
bin ich frei.
Danke.

Amen

Gebet für die Leichtigkeit

Frisch fließt Energie
durch jede meiner Zellen.
Fühle mich frei
und belebt.
Alles mag gelingen,
und bringt mir Freude.
Mein Herz klopft,
kann aufgeregt sein
wie als Kind.
Und leicht und luftig.
Fliegen kann ich
hier und jetzt,
so leicht bin ich.
Danke.

Amen

Meditation
Auflösung negativer Glaubensmuster über Dich

Schließe die Augen und konzentriere Dich auf Deinen Atem. Lasse ihn ganz unbewusst fließen. Nimm keinen Einfluss auf ihn. Beobachte einfach, was Dein Körper tut, damit Du atmen kannst, ohne dies zu bewerten. Spüre, wie Du auf der Unterlage aufliegst oder sitzt, und erlaube es Dir, es so bequem wie möglich zu machen.

Visualisiere Deine Verbindung zum Kosmos über den hellen, leuchtenden Lichtstrahl, der durch Dein Scheitelchakra hindurchfließt, bis über Deine Wurzeln, die Dich mit Mutter Erde verbinden, tief in die Erdmitte, zum Erdkern. Du bist verbunden mit dem Kosmos und mit Mutter Erde.

Stelle Dir nun vor, Du bist in einer wunderbaren Seelenlandschaft. Es ist wunderbar warm und sonnig und Du spazierst durch eine zauberhafte, magische Umgebung. Wie sieht es dort aus, sieh Dich um. Stehst Du auf einer grünen Wiese oder auf einem Berg? Oder vielleicht in einem wundervollen Garten, in dem paradiesische Blumen erblühen? Nimm Dir einige Momente und genieße die schöne Umgebung, in der Du immer weiter in die Entspannung kommst und ganz bei Dir sein kannst.

Stelle Dir jetzt vor, Du stehst vor einer Treppe, die zehn Stufen nach unten führt. Vielleicht ist es auch ein Brunnen, der Dich nach unten bringt. Was auch immer Du Dir für einen Zugang wählst, wisse, es ist in Ordnung und Du bist behütet.

Zähle langsam von 10 rückwärts, und mit jeder Zahl steigst Du eine Treppe tiefer in Dein Innerstes.

10 Du stehst am Anfang der Treppe und fühlst Dich wunderbar entspannt und neugierig, auf das, was Dir nun begegnen darf.

9 Eine Stufe hast Du bereits genommen und visualisierst nun Deine goldene Flamme in Deinem Herzen, die Dich immer begleitet. Die nie erlischt.

8 Eine weitere Stufe nach unten und Du fühlst, wie sich Deine Herzensflamme immer weiter ausdehnt. Sie wird größer und größer. Bis sie über Deinen physischen Körper hinausreicht und Deinen Energiekörper vollkommen umhüllt.

7 Noch eine Stufe und Du spürst Dich so lebendig, weil Du die Verbundenheit mit allem, was ist, jetzt ganz deutlich spürst.

6 Du kannst nun sehen und fühlen, wie sich Dein Energiekörper immer weiter ausdehnt und wundervoll zu leuchten beginnt.

5 Jetzt, ganz in Deiner Energie und bei Dir, spürst Du, welche Kraft von Dir ausgeht und welch wirklich göttliches Wesen Du bist.

4 Langsam kommst Du dem Ende der Treppe entgegen und kannst vielleicht schon ausmachen, wie es dort aussieht und was Dich wohl erwarten mag.

3 Du fühlst Dich wunderbar geschützt und in Sicherheit und wirst vom Ende der Treppe magisch angezogen.

2 Wissend ob Deiner bevorstehenden, heilenden Handlung bist Du erfreut und bereit, in Liebe dem Ort Deiner negativen Glaubensmuster zu begegnen.

1 Gleich bist Du am Ende Deines Zugangs angekommen und siehst dort eine Gestalt auf Dich warten.

Du nimmst die letzte Stufe und freust Dich, dass Dich ein geistiger Helfer in Empfang nimmt. Voller Freude begrüßt Du ihn. Vielleicht ist Dir Dein Helfer schon bekannt. Es könnte Dein Geistführer sein, Dein Schutzengel oder eine andere Wesenheit aus Licht und Liebe, die jetzt genau zu diesem Zeitpunkt, für diese Erfahrung helfend an Deiner Seite steht.

Nun sieh Dich um. Wie sieht es hier aus? Welche Umgebung zeigt sich Dir und was kannst Du hier wahrnehmen? Du gehst durch diese Ebene direkt zum Mittelpunkt des Ortes Deiner negativen Glaubensmuster. Was zeigt sich Dir hier? Es kommt dabei nicht darauf an, die oder das Glaubensmuster genau zu beschreiben. Womöglich zeigt sich nur ein Symbol, welches zerbrochen werden muss. Oder eine Umgebung, die gesäubert werden darf. Oder ein Wesen, welches in Liebe, mit Vergebung und Dank jetzt gehen darf. Gehe ohne Bewertung an die Arbeit, und wenn Du Dir nicht sicher bist, was Du siehst oder was Du tun kannst, um es zu erlösen, so frage Deinen geistigen Helfer. Wenn Du etwas nicht verstehen kannst, so bitte ihn, es Dir so zu zeigen, damit Du es verstehst. Er weiß genau, was zu tun ist, und wird Dir zur Hand gehen.

Du erstrahlst in hellem Licht und Du kannst diesen Ort Deiner negativen Glaubensmuster vollkommen reinigen, erlösen und mit Licht auffüllen.

Hast Du Deine Aufgabe erledigt und der Ort ist erlöst und Deine negativen Glaubensmuster aufgelöst, so schließe Deine Handlung ab, indem Du sagst:

„Ich bin der/die Meister/in. Ich bin nicht das, was mir eingeredet wurde zu sein. Ich bin viel mehr, als man sich je vorstellen kann. Ich vergebe mir und allen Personen, für alles, was mir angetan wurde. Ich bedanke mich für die Erfahrung. Ich bin in Frieden, ich bin frei. Ich liebe.“

Nimm Dir einen Moment Zeit, diese Worte wirken zu lassen. Vielleicht möchtest Du sie noch einmal wiederholen.

Nun ist es Zeit, wieder zu Deinem Aufgang nach oben zurückzukehren. Du verabschiedest Dich von Deinem geistigen Helfer und bedankst Dich für seine Hilfe.

Dann beginnst Du, die Treppe wieder nach oben zu steigen.

1 Auf der ersten Stufe nimmst Du noch einmal Deine volle, leuchtende Größe wahr.

2 Du freust Dich auf Deine wundervolle Seelenlandschaft, in die Du gleich wieder zurückkehren kannst.

3 Eine Stufe weiter hoch bemerkst Du, wie Deine Aura und Dein Energiefeld langsam wieder kleiner werden.

4 Du bist immer behütet. Deine goldene Herzensflamme leuchtet weiter in Deinem Herzen.

5 Du spürst immer mehr Deinen physischen Körper, während Du weiter nach oben steigst.

6 Womöglich nimmst Du schon die Geräusche wahr, die Du in Deiner Seelenlandschaft ausmachen kannst. Sind es da Vögel, die Dich singend erwarten?

7 Du erkennst schon Deine obige Umgebung und freust Dich darauf, zurückzukehren.

8 Du fühlst Dich wunderbar erleichtert ob der Last, die Du gerade erlösen durftest.

9 Vollkommen in Liebe und Dankbarkeit eingehüllt nimmst Du die letzte Stufe.

10 Du bist nun wieder in Deiner wundervollen, sonnigen Seelenlandschaft angekommen.

Genieße noch einen Moment die liebevolle Energie dort, bevor Du langsam ins Hier und Jetzt zurückkommst. Strecke und dehne Dich, spüre Deinen Körper und öffne langsam die Augen.

Wenn wir uns selbst nicht vertrauen,
vertrauen wir auch Gott nicht,
denn wir sind eins.

Gebet für das Selbstvertrauen

Geliebte Seele, vergib mir meinen Zweifel,
vergib mein Misstrauen.
Nun habe ich erkannt,
dass ich, vor allen anderen,
mir selbst vertrauen kann.
Ich begrüße meine neue Freundin,
Selbstvertrauen zieht ein
und Selbstzweifel darf nun gehen.
So wundervoll zu spüren,
dass ich wachse.
Nein, ich leugne mich nicht mehr,
ja, ich vertraue.
So erleichternd zu erkennen,
dass Verlass ist, auf mich.
Geliebte Seele, die ich bin,
ich schenke mir heute ein Stück Glück.

Wie nah ist doch das Himmelreich, welch großer Segen.
Ich danke mir.

Amen

Würde

An jedem einzelnen Tag haben wir die Wahl, unsere Würde zu behalten oder abzugeben. Immer ist es unsere Entscheidung.

Gebet zur Belebung der Würde

Erhobenen Hauptes schreite ich voran,
dem Nächsten wohlgetan,
doch getragen von göttlicher Kraft.
Die Achtung vor meinen Prozessen
bringt mich in Demut vor meiner Seelengröße.
Leben macht mich stark
und nichts vermag es, mich kleinzumachen.
So bin ich unantastbar
und gar königlich.
In Dankbarkeit.

Amen

Heilungsgebet für den Körper

Ich sende Licht in meinen Tempel.
Reines, göttliches Licht.
Aus der großen Quelle,
Licht in meinen Körper.
Mein Körper,
der mir hingebungsvolles Zuhause ist,
wird jetzt heil.
Mein Körper,
der mir bedingungslos dient,
doch manchmal nach Hilfe ruft,
wird jetzt heil.
Mein Körper,
der mich hier alles erleben lässt,
wird jetzt heil.
Ich sende Licht in meinen Körper.
Jedes Organ,
jede Blutbahn,
alle Muskeln, Sehnen, Bänder,
jedes Atom und jedes Molekül,
jede Zelle
wird aufgeladen, gereinigt und erfüllt mit Licht
und wird jetzt heil.
Ich bin heil,
ich bin Licht,
ich bin.
Danke.

Amen

Angst

Das Universum ist unendlich.
Das Einzige, was uns begrenzt, ist Angst.

Weil gerade in diesen Zeiten so viele Menschen in einem vermehrten Maße Ängsten ausgesetzt sind, widme ich der Angst ein ganzes Kapitel. Wir leben in einer Zeit, in der wir nicht mehr flüchten können vor unseren Ängsten. Kein Wegdrücken mehr, kein Verleugnen, kein Wegsehen. Diesmal kommen wir nicht heraus, und das ist gut so. Wir haben nun die Möglichkeit unsere Angst anzuschauen und zu wandeln. Ängste zu bearbeiten ist wohl eine der größten Herausforderungen, denn Angst zu haben ist eine der schlimmsten Emotionen überhaupt. Doch eines ist uns klar: Angst hindert uns an vielem, vor allem am Leben.

Nicht die Veränderung macht uns Angst, sondern das Einladen des Unbekannten. Aber ist es nicht gerade das, nachdem wir solange gerufen haben?

Gebet zur Angstbefreiung

Das Heiligste in mir,
das meine goldene Flamme entzündet,
erhebt mich aus der Dunkelheit.
Führt mich fort vom Abgrund.
Meine Fesseln lösen sich,
befreit meine Seele.
Gottes Wille ist meine Erlösung,
mein fester Halt, die Glückseligkeit.
Licht küsst meine Stirn und
zeigt mir das Himmelreich.
Angst und Zweifel sind erloschen.
Abgewandt von aller Pein,
zieht nun die Liebe bei mir ein.
Sprudelndes Leben kann ich spüren,
so leicht und liebevoll.
Lebensfreude hat ihren Platz gefunden.
Gehe meinen vorgezeichneten Weg
und schaue zurück, noch ein letztes Mal,
in Dankbarkeit.

Amen

Channeling

„So viele von Euch werden gerade vom Leben geschüttelt und von der Welt aus der Bahn geworfen. Nichts geschieht ohne Grund. Die Geistige Welt ist weder übergriffig noch greift sie Euren Entscheidungen vor.

Doch sind die Zeichen, die wir Euch senden, deutlicher denn je. So manch einen trifft es hart. Wir zeigen Euch damit, wo Handlungsbedarf liegt und was Ihr Euch ansehen dürft, um es jetzt zu heilen.

Handelt jetzt! Und grämt Euch nicht. Betrachtet Eure Situation mit Abstand. Immer, ja immer wird Euch etwas aufgezeigt. Fallt nicht in Opferhaltung, hört nicht auf die Stimme Eures Egos, sondern lauscht Euren Herzen.

Wandel ist nur erfahrbar, wenn Ihr Euch dafür entscheidet. Seid weise, denn dies bringt Wachstum und Ausdehnung. Dabei seid gewiss, Ihr wart und seid nie alleine. Und Ihr werdet es auch nie sein.

Und wenn Euch am Ende des Tages nichts mehr einfällt ob der Schwere, seid dennoch dankbar, und die höchste Form dessen wandelt Schwere in Leichtigkeit.

Ruft uns, ladet uns ein, Euch zu führen und zu dienen. Wir werden Euren Ruf nicht verhallen lassen. Ihr seid stets behütet.

Haltet das Licht, haltet das Licht.“

Es sprach *Erzengel Gabriel, der Botschafter*

Heilungsgebet die Angst überwinden

Hab überwunden die Angst,
die Dämonen sind verschwunden.
Schwer war es, sich zu stellen,
ohne über mich ein Urteil zu fällen.
Die Angst habe ich überwunden,
ohne mich erneut zu binden.
An Krücken wie Schuld und Last,
ohne dass ich mich selbst hasse.
Die Angst habe ich überwunden,
um mir selbst zu verkünden:
Das war es, mein Ziel,
musste daran arbeiten,
an mir und meinem Seelenheil.
Anfangs ist es ein dünnes Seil,
aber ich halt mich dran fest
und finde meinen Weg.
Denn Gott führt mich überall hin.
Die Angst habe ich überwunden,
und sie ist verschwunden.
Zurück ist meine Kraft,
durfte entdecken, wie schön ich bin,
ich schenke mir Vertrauen in Alles-was-Ist.
Ich verstand, dass dort,
wo die Angst Raum gewinnt,
die Liebe keinen Platz finden kann.
Doch habe ich die Liebe zu mir wiedergefunden,
und dabei ist auch die Angst endlich verschwunden.
Nun ich bin heil.

Amen

Gebet für den Sinn im Leben

Ein neues Empfinden,
so voll und rein.
Die Gewissheit ob meiner Wahrheit
macht mich wahrhaftig frei.
Lächeln kann ich,
froh über die Einfachheit.
So oft geforscht
und jetzt offenbart.
Glücklich, dies nun aufzunehmen,
den Sinn erkannt.
Antwort erhalten
und gleichsam Kraft.
Weiß jetzt, wo ich herkomme,
wer ich bin.
Dies, alleine war's gewesen.
Den Sinn meines Seins zu finden,
der einzig darin liegt,
sich selbst zu finden.
Danke.

Amen

Kraftgebet

Meine ganze Macht und Stärke,
gelebt und im Bewusstsein,
richtet mich auf.
So wie ein Baum.
Meine starken Wurzeln tief in Mutter Erde,
meine Arme wie Äste hochgewachsen gen Himmel.
Lebendig, pulsierend in voller Kraft,
Unbesiegbarkeit pochend in jeder Zelle.
Präsenz würdevoll getragen,
ausgesprochen mit Weisheit,
bin ich sanftmütig und achtsam.
Stets in meiner kraftvollsten Mitte
kann ich in Demut niederknien und lieben.
Voller Dankbarkeit.

Amen

Gebet für eine positive Ausrichtung

Ich rufe ein JA in die Welt,
anerkennend, dass sie ist, wie sie ist.
Ich rufe ein JA zu meinen Prüfungen,
wissend, ich werde an ihnen wachsen.
Ich rufe ein JA zu den Menschen,
verstehend, sie sind gut so, wie sie sind.
Ich rufe ein JA zur göttlichen Ordnung,
erkennend, sie zu begreifen, geht
über meinen Verstand hinaus.
Ich rufe ein JA zu allem, was ist,
fragend, wer bin ich, ohne daran zu zweifeln.
Ich rufe ein JA zum Leben,
dankbar ob diesem Geschenk.
Ich rufe ein JA zu mir selbst,
glückselig, für meine Ewigkeit.
Danke.

Amen

Gebet für Lebensfreude

Meine Kinderaugen strahlen.
Der Geist tanzend
und meine Seele lachend in Glückseligkeit.
Erfährt Freude,
befreit und lichtvoll
in purer Schönheit.
Vollkommen erfüllt im Augenblick
mit tiefer Freude am Sein
und ewigem inneren Frieden.
Gefüllt mit sprudelnder Lebensenergie.
Das Erkennen der
Göttlichkeit in allem.
Lächelnd im Danken.

Amen

Gebet für Zuversicht

Voller Zuversicht
suchen meine Augen das Licht.
Sehe vorbei an den Schranken
der Dunkelheit.
Der Funke Gottes in mir
schenkt mir Vertrauen.
Bin ich doch gewiss,
die göttliche Führung
ist immer gegeben.
Wie ich mich auch entscheide,
ich bin nie allein.
Danke.

Amen

Gebet für Hoffnung

Erwacht,
mit mutigen Schritten zum Horizont
im Lichte meiner Göttlichkeit.
Im tiefsten Glauben,
das Herz voller Liebe.
Wissend, dass ich sehen werde,
fällt Verzweiflung zu Boden.
Gehe aus dem Kreise
zu meiner Bestimmung.
Erhört die Bitte meiner Seele,
beginnt meine Wanderschaft.
Gestärkt und mutig
in Geborgenheit und mit Gottes Segen.
Ich danke Dir.

Amen

Vergebung

Vergebung trägt Frieden. Vergebung birgt Liebe.
Vergebung schenkt Freiheit.
Vergebung ist zutiefst menschlich.

Ich glaube an Seelenverträge. Das bedeutet, dass wir, bevor wir inkarnieren, unsere Familie aussuchen und unsere Erfahrungen, die wir im nächsten Erdenleben sammeln wollen. Als Beispiel: Eine Seele stellt sich als Vater zur Verfügung und erklärt sich bereit, uns in der Inkarnation mit Kälte und Gewalt zu begegnen, weil wir diese Erfahrung machen möchten. Das klingt wirklich hart, doch ich habe aufgrund meines eigenen Weges und der Geschichte vieler anderer, die ich begleiten durfte, erlebt, dass dies genau so geschieht. Stehen wir vor Herausforderungen im Leben, können wir, wenn wir betrachten und prüfen, was wir daraus lernen können, automatisch unsere Aufmerksamkeit auf die Lösung lenken und weniger auf das Problem. Damit schaffen wir es, leichter damit umzugehen, und vor allem, aus dieser Musterspirale hinauszutreten. Denn lernen wir nichts aus einer Situation, wird sie uns wieder und wieder einholen.

Nun gebe ich in meinen Seminaren auch immer dem Thema Vergebung Raum. Oft werde ich gefragt: „Wenn wir uns alles ausgesucht haben, warum muss ich dann noch vergeben? Es war ja ein ausgemachtes Spiel." Eine berechtigte Frage. Denn der Vater hat ja in unserem Beispiel „nur seinen Job gemacht", um den wir ihn vorher baten. Das allein zu verstehen ist schon harter Tobak, und jemandem zu vergeben, der uns Schlimmes antat, ist keine leichte Sache.

Doch die Antwort darauf ist ganz einfach. Wir vergeben nicht des Vaters willen, sondern wir vergeben um unser willen. Vergeben bedeutet nicht, die Taten gutzuheißen. Vergeben ist für uns selbst eine tiefgehende, heilende Handlung. Das zeigt sowohl meine persönliche Erfahrung als auch die von Seminarteilnehmern. Wir leben in der Dualität, wir sind Mensch, und das Erleben des Vergebens schenkt uns Frieden und Freiheit. Oftmals ändert sich die Energie zwischen zwei Menschen zum Positiven nach der Vergebung, obwohl der andere gar nichts davon wusste.

Jeder darf für sich selbst entscheiden, was für ihn stimmig ist. Für mich ist es ganz entscheidend in unserem Leben, vergeben zu können. Gerade in dieser Zeit ist Vergebung die Königsdisziplin. Doch wie bei so vielem beginnen wir damit bei uns selbst.

Vergebungsgebet für mich selbst

Heilige Quelle,
ich spreche zu Dir.
Wissend, es gibt keine Schuld,
kann ich verzeihen.
Wissend, es gibt kein Gericht,
wer bin dann ich, zu richten.
Dankbar für das Erfahren,
vergebe ich mir.
Vergebe mir alles,
was gesagt,
was getan,
was gefühlt.
Ich bin in Frieden,
ich bin frei.
Danke.

Amen

Meditation Vergebung

Schließe die Augen und mache es Dir so bequem wie möglich. Spüre, wo Dein Körper auf der Unterlage aufliegt, und beobachte, was er tun muss, damit Du atmen kannst. Dabei entspannst Du Dich völlig.

Atme ein paarmal tief ein und aus und stelle Dir vor, dass Du mit Deinem Ausatmen alles abgibst, was Dir jetzt nicht mehr dienlich ist. Lasse alles los, was jetzt gehen möchte, und stelle Dir nun vor, dass Du helles, goldenes Licht aus dem göttlichen Universum einatmest. Es durchflutet jede Deiner Zellen, Organe und Blutbahnen und verbindet Atom für Atom und Molekül für Molekül in Deinem Körper. Fühle Dich ganz entspannt und lasse es einfach geschehen.

Richte Deine Aufmerksamkeit auf Deinen Körper. Ist noch irgendwo eine Anspannung zu spüren, dann lasse sie los und komme immer tiefer in die Entspannung.

Siehe Deine göttliche Flamme in Deinem Herzen. Ich werde jetzt von 5 rückwärts zählen und bei 1 bist Du in deinem Herzensraum.

5 Du bist nun vollkommen entspannt. Gedanken, die erscheinen, lässt Du weiterziehen und gehst langsam auf die Türe Deines Herzensraums zu.

4 Du fühlst diese All-Einheit, die Dich mit allem, was ist, verbindet. Du weißt, Du bist in Sicherheit und in der göttlichen Liebe geborgen.

3 Spüre, dass Dein Körper seine Grenzen verliert, sich Deine Aura ausdehnt und Dein Energiekörper zu leuchten beginnt.

2 Du bist im Vertrauen in die göttliche Führung und spürst, dass Du Licht und Liebe bist und gleich eine heilende, heilige Aufgabe durchführen wirst.

1 Du stehst nun vor der Tür in Deinem Herzen, die in Deinen Herzensraum führt. Du öffnest sie und gehst hinein.

Sieh Dich um. Wie sieht Dein Herzensraum aus? Ist es eine wundervolle Landschaft? Ein blühender Garten? Oder ist es eine gemütliche Hütte mit einem Kamin? Spüre die Liebe, die dort ist, so stark, dass Du sie beinahe anfassen kannst. Allgegenwärtig und wahrhaftig, gerecht und barmherzig. Wisse, Du wirst geliebt und Du liebst. Schaue Dich eine Weile um und genieße es, an Deinem Ort zu sein.

Nun ist es an der Zeit zu vergeben. Stelle Dir vor, Du stehst vor einem großen Spiegel und blickst in Dein Gesicht. Erkenne Deine strahlende Schönheit. Wenn Du Narben an Dir bemerkst, habe keine Furcht, sie erzählen Deine Geschichte. Sei dankbar für sie, sie sind Deine Lehrmeister.

Du sprichst laut oder in Gedanken:

„Ich vergebe mir alles, was ich mir angetan habe. Ich weiß nun, dass es Teil meines Lebensplanes war. Ich danke mir.

Ich gehe in Frieden, ich bin frei."

Sieh Dich anschließend erneut in dem Spiegel an. Hat sich Dein Aussehen, Dein Leuchten in den Augen verändert? Sind womöglich Narben geglättet oder sogar verschwunden?

Beginne nun die Personen zu visualisieren – einzeln –, denen Du vergeben möchtest.

Du sprichst laut oder in Gedanken zu der Person:

„Ich vergebe Dir alles, was Du mir angetan hast.
Ich weiß nun, dass es Teil meines Seelenplans war.
Ich danke Dir. Gehe in Frieden, ich bin frei.“

Fühlst Du, wie frei Dich dies macht und Dir Frieden bringt?

Nun ist es an der Zeit zurückzugehen. Bei

1 stehst Du wieder vor Deiner Herzenstüre.

2 Du öffnest die Türe und trittst hinaus, wohlwissend, dass Du jederzeit zurückkommen kannst.

3 Du richtest Deine Aufmerksamkeit wieder auf Deine Herzensflamme und spürst, wie sicher und geborgen Du bist. Immer noch und für alle Zeiten.

4 Beginne langsam Deinen Körper wieder zu spüren und sieh Dich wieder in Deinem Körper.

5 Du bist wieder ganz in Deinem Körper angelangt, bewegst Deine Hände, Deine Füße, streckst Dich und gähnst. Werde Dir Deiner Verbindung zur Erde bewusst, fühle Deine Wurzeln und komme ganz wieder an im Hier und Jetzt.

Scham und Schuld

Zwei grundlegende Hürden, die wir uns gerne in den Weg legen: Es ist erwiesen, dass z. B. Kinder, die Missbrauch erlebten, oder Frauen, denen häusliche Gewalt widerfuhr, sich selbst dafür die Schuld geben.

Die Gewalt oder der Missbrauch wird als Strafe betrachtet für etwas, was ich getan oder nicht getan habe. Ergo bin ich schuldig, weil ich etwas „Schlechtes" getan habe. Das klingt bizarr, ja allein bei dem Gedanken fühlt es sich schon nicht stimmig an, ist aber dennoch erwiesen, das Opfer genau das tun und fühlen.

Anders als bei der Schuld verhält es sich bei der Scham so, dass sich das Opfer für einen schlechten Menschen hält. Also wird das Konstrukt nicht auf die Tat, sondern auf sich selbst bezogen und man hält sich selbst für schlecht. Ist man in dem Falle die Person, der die Gewalt oder der Missbrauch entgegengebracht wird, schämt man sich dafür. Man hält sich für schlecht. Die Scham ist eines unserer Urtraumata.

Leider leben wir in einer Gesellschaft, in der leichtfertig und gedankenlos mit Beschuldigungen und Beurteilungen um sich geworfen wird. Schuld und Scham ist allgegenwärtig und das ist schon eine lange, lange Zeit so. Diese beiden „Klötze am Bein", möchte ich fast sagen, belasten uns oft ein Leben lang und hindern uns, in unsere Kraft zu kommen.

Deshalb finde ich es außerordentlich wichtig, die folgenden Gebete immer einmal wieder zu beten. Immer und immer wieder. Außerdem ist es nicht weniger wichtig, sich dafür selbst Vergebung auszusprechen.

Viele meiner Jenseitskontakte haben bewiesen, dass sowohl der Verstorbene als auch der Angehörige manchmal an Schuld- oder Schamgefühlen festhalten, und dies erst mit einem nachtodlichen

Gespräch aufgeklärt werden konnte. Einmal mehr ein Beweis dafür, wie wichtig die Vergebung ist.

Aus unseren selbst erbauten Gefängnissen, mit Gitterstäben aus falschem Pflichtgefühl und Schuldübernahme, Selbstsabotage und Scham, sperren wir nicht nur die Selbstverantwortung aus, wir zahlen auch einen hohen Preis dafür, eingesperrt zu sein.
Es kostet uns Lebenskraft und unsere Gesundheit.

Gebet zur Befreiung von Scham

Ich erhebe mich heute
lebendig und wahrhaftig
zu meiner vollen Größe.
Sehend all meine Farben,
lasse ich los das Grau
und befreie meine Seele.
Scham weicht Stärke,
nicht mehr gebraucht,
lass ich sie ziehen.
Kehre ein in mein Lebenshaus,
Leichtigkeit in meinen Räumen,
kann ich endlich atmen.
Dankbar bin ich.

Amen

Gebet zur Befreiung von Schuld

Die große Last fällt ab von mir,
donnernd sprengen Felsen,
Schwere splittert.
Die mächtige schwarze Hülle fällt
und macht Platz all meinen Farben.
Feine Schwingung meiner Seele,
die Frequenz der Leichtigkeit.
Keine Schuld im Leben,
niemandes Gericht.
So wandle ich den Pfad,
bin das Außergewöhnliche
und erfülle meinen Seelenplan.
Ein großer Dank.

Amen

Gerade wir in Deutschland erleben immer wieder, dass uns unsere geschichtliche Vergangenheit einholt und diese kollektive Schuld hochgehalten wird. Auch jetzt, in dieser Zeit erleben wir – und das sogar weltweit –, wie viel neue Schuld wir uns aufladen. Dabei spielt es keine Rolle, ob wir selbst Täter sind. Diese kollektive Energie wirkt sich auf uns alle aus. Sie ist im Feld.

Gebet zur Befreiung von Schuld anderer

Mit einem Auszug aus dem aramäischen „Vaterunser",
übersetzt ins Deutsche nach Robert Betz

Heilige Mächte,
GottVater und GottMutter,
ich spreche mich frei von kollektiver Schuld.
Ich bitte Euch,
helft mir zu lösen die Bände
der Fehler und Irrtümer,
die uns binden,
wie wir loslassen,
was uns bindet
an die Schuld anderer.
Ich vergebe jenen,
die Täter waren,
so wie mir selbst,
der/die ich Täter/in war.
Ich bin Frieden.
Danke.

Amen

Gebet zur Vergebung für andere

Liebe Brüder und Schwestern,
liebe Ahninnen und Ahnen,
all jene, die meine Wege kreuzten,
aus allen Inkarnationen,
aus allen Zeiten.

Ich spreche Euch hiermit frei
von jeglicher Schuld,
von allem, was ihr mir angetan habt.
Ich vergebe Euch,
so wie auch ich Euch um Vergebung bitte,
für alles, was ich Euch je getan.

Ich vergebe Euch,
ich segne Euch,
ich bin in Frieden mit Euch.
Danke.

Amen

Vergebungsgebet für Verstorbene

Konnt's im Leben nicht mehr klären,
doch wisse, ich vergebe Dir.
Was wir nicht mehr erkennen konnten,
was wir nicht mehr beichten konnten,
was wir nicht mehr hören konnten,
was wir nicht mehr ausdrücken konnten,
was wir nicht mehr tun konnten,
was wir nicht mehr lieben konnten,
all dies, was wir im Leben nicht gekonnt,
möchte ich Dir jetzt sagen.
Gehe frei und unbeschwert,
gehe in Liebe und Frieden,
gehe mit meiner Vergebung.
Doch bitte, vergib auch mir.
Danke.

Amen

Trauer

Trauer ist wie ein nasser, schwerer Mantel, der auf unsere Schultern drückt, dennoch vermag sie uns Heilung zu schenken.

Der Tod und alles, was dazugehört, ist leider in unserer heutigen Zeit immer noch ein Tabu. Kaum jemand hat gelernt, was es bedeuten kann, einen Verstorbenen richtig zu begleiten und zu verabschieden. Ich habe selbst nach dem Tod meiner Mutter erlebt, wie „geschäftig" mit dem Tod umgegangen wird. Meine Mutter ist nun fast 25 Jahre verstorben, und zur damaligen Zeit war ich eine junge Frau, die noch sehr unwissend und unbewusst in diesen Themen war.

Nachdem ich sie eines Morgens tot in ihrem Bett liegend gefunden hatte, die Polizei und der Arzt bestätigten, dass kein Verbrechen vorlag, kam das Bestattungsinstitut und holte sie ab. Das Ganze dauerte gerade mal eine Stunde. Eintüten und mitnehmen. Zwei Tage danach fand die Beerdigung statt, und der Rest der Familie hatte keine Zeit oder Lust, sich danach noch irgendwo auf einen Kaffee zusammenzusetzen und das Erlebte zu reflektieren oder Geschichten aus ihrem Leben zu hören. Herrje, wie kann man denn so einen Angehörigen verabschieden? Heute denke ich über das alles anders, weil ich gelernt habe, dass es auch anders geht und die Möglichkeiten durchaus gegeben sind.

Es gibt Alternativbestatter, die sich voller Achtsamkeit Zeit nehmen für die Angehörigen. Man hat das Recht, den Verstorbenen innerhalb der Familie aufzubahren, um sich genügend Zeit für die Verabschiedung zu nehmen. Seelen brauchen eine gewisse Zeit, bis sie tatsächlich hinübergehen, und manchmal kann man den Moment erhaschen und daran teilhaben.

Bei der Gestaltung der Trauerkarten oder sogar des Sarges darf man selbst mitwirken, ja sogar die Waschung des Verstorbenen darf man selbst übernehmen.

Ich halte es außerdem für wichtig, auch die Kinder mit einzubeziehen. Sie auf achtsame und liebevolle Weise daran teilhaben zu lassen. Warum sollten sie denn nicht die Oma noch mal sehen dürfen? Viele scheuen das und wollen ihre Kinder davor bewahren, sich mit dem Tod zu beschäftigen. Doch der Tod gehört nun mal zum Leben dazu.

Wenn wir uns nicht die Zeit nehmen, die Trauer zuzulassen, anzunehmen und richtig zu verarbeiten, wird sie uns ein Leben lang nicht mehr loslassen.

Gebet nach dem Übergang

So bist Du nun gegangen ins Licht,
doch erwarte kein Gericht.
Entdecke die lichtvollen Gestalten,
Engel und Wesen,
die alles mit Liebe verwalten.
Niemand, der urteilt,
um Strafe feilt.
Nichts zu vergeben,
keine Schuld im Leben.
Die göttliche Schwingung
voller Liebe und ohne Bedingung.
Alles, was ist – so rein,
nur hier wolltest Du sein.
Mit der Angst vor dem Tode Du Dich quältest,
und jetzt, nur diesen Ort Du jetzt wähltest!
Nun bist Du wahrlich angekommen.

Amen

So schmerzhaft uns der Verlust trifft, dennoch ist es außerordentlich wichtig, loszulassen und die Seelen gehen zu lassen. Dafür habe ich ein spezielles Gebet empfangen dürfen:

Gebet, um Verstorbene gehen zu lassen

Geliebtes,
wissend, Du wirst um mich sein,
lasse ich Dich gehen.
Wissend, dass ich Dich immer fühlen kann,
lasse ich Dich gehen.
Wissend, dass Du auf mich schaust,
lasse ich Dich gehen.
Auf dieser Reise kann ich Dich nicht begleiten,
doch ich weiß, Du bist behütet.
Gehe mutig in das Licht,
ich weiß, Engel werden Dich empfangen.
Gehe in Frieden,
denn Du weißt, dass auch ich in Frieden bin.
Wann auch immer wir uns wiedersehen,
wir wissen, dass wir ewig leben.

Amen

Gebet für den Schmerz

Schmerz, der gute Freund.
Hält mich fest im Hier und Jetzt.
So stark, die Brust mag zerspringen,
das Herz mag bersten.
Das zu spüren ist geblieben.
Schmerz ist nun mein Halt,
hat seinen Platz eingenommen
und darf jetzt sein.
Danke.

Amen

Gebet zum Verabschieden

Geblieben, wandere ich durch meine Zeit.
Misse Dich an meiner Seite.
Doch wissend, du wechseltest nur den Raum,
gibt es diesen Ort in meinem Herzen
für Dich auf ewig.
Ich lass Dich los
und hab Dich doch, dort….

Amen

Gebet für die Verbindung

Dacht, ich bin verlassen,
doch gehst Du nur voraus.
Dacht, ich wär allein gelassen,
doch spür ich Dich bei mir.
Dacht, ich würde fallen,
doch weiß, Du hilfst mir auf.
Dacht, die Leere wäret ewig,
doch erfüllst mich mehr denn je.
Dacht, ich könnt nicht weiter,
doch Du zeigst mir den Weg.
Nun sprech ich für uns beide
und seh freudig uns entgegen,
unserer Zeit im Himmelreich.
Ich danke Dir.

Amen

Ich habe oben erwähnt, dass es uns durchaus möglich ist, unsere Verstorbenen selbst zu waschen. Falls wir es tatsächlich nicht tun konnten, können wir das im energetischen Sinne mit nachfolgender Meditation nachholen. Diese heilige Waschung ist für unsere Verstorbenen sehr heilsam und sie genießen das wirklich.

Meditation
Waschung eines Verstorbenen

Mache es Dir so bequem wie möglich, schließe die Augen und komme zur Ruhe. Stelle Dir Deine Wurzeln vor, die tief in die Erde reichen. Deine Verbindung zur großen Mutter. Visualisiere den goldenen, hellgelben Lichtstrahl, der Dich über Dein Kronenchakra, an Deinem Scheitel mitten auf Deinem Kopf, mit dem Kosmos verbindet.

Atme ruhig und entspannt und stelle Dir vor, nach oben zu gehen, in den Himmel. Vielleicht gehst Du eine große, goldene, geschwungene Treppe in den Himmel oder Du fährst mit einem Aufzug nach oben. Möglicherweise fliegst Du einfach nach oben oder Du besteigst einen hohen Berg. Was auch immer Du wählst, welcher Weg Dich nach oben in die geistige Welt bringen mag, erlebe nun, je weiter Du emporsteigst, umso heller erscheint Dir Deine Umgebung.

Bist Du oben angekommen, erscheint Dir eine wundervolle Seelenlandschaft mit einem blumigen Garten, eine Blumenwiese oder ein wunderbar duftender Wald. Die Schwingung hier ist so rein und hoch, dass es Dir vorkommen mag, als ob Du Dich schwebend fortbewegen kannst.

Nun rufe einen Verstorbenen, der Dir nahestand, um eine heilige Waschung mit ihm durchzuführen. Vielleicht hast Du schon jemanden im Sinn, den Du rufen möchtest, oder möglicherweise steht schon jemand parat, mit dem Du gar nicht gerechnet hast. Begrüße ihn und danke ihm für sein Vertrauen. Nun führe ihn zunächst durch Deine Landschaft, zu einem nahe liegenden Gewässer. Es mag ein See oder ein Fluss, ein Wasserfall oder ein Bach sein.

Dort angekommen, hilfst Du ihm beim Entkleiden und geleitest ihn vorsichtig in das Wasser. Die Sonne scheint und es ist wunderbar warm. Hilf Deinem Verstorbenen, sanft in das Wasser zu gleiten, und schöpfe mit Deinen Händen behutsam Wasser über seinen Körper. Während Du diese heilige Handlung vollziehst, bedarf es keinerlei Worte.

Umsorge und umspüle die Person, reinige sie und handle bedacht und in Liebe. Voller Hingabe hältst und badest du sie, sodass alles, was nicht mehr gebraucht und nicht mehr dienlich ist, abfließen, gereinigt und transformiert werden darf.

Nimm Dir Zeit und genieße diese Vertrautheit und die Verbundenheit.

Nun ist es an der Zeit, Deinen Verstorbenen wieder aus dem Wasser zu geleiten. Am Ufer trocknest Du den Körper mit weißen, strahlenden Tüchern und kleidest ihn wieder an.

Du verneigst Dich vor ihm und bedankst Dich für sein Vertrauen. Nun rufe die Engel, die ihn bereitwillig in Empfang nehmen und abholen. Verabschiede Dich und gehe Deinen Zugang, den Du anfangs gewählt hast, wieder nach unten.

So kommst Du langsam wieder ins Hier und Jetzt zurück, visualisierst noch einmal Deine Wurzeln in Mutter Erde und öffnest die Augen.

Gebet so nahe bei Gott

So nahe bei Gott
darfst Du jetzt sein.
Hell leuchtend wie die ewige Sonne,
blickst herab auf mein Sein.
So fern und doch verbunden,
das goldene Band
von Herz zu Herz,
immerwährend und unendlich wie die Sterne.
In Wahrheit und so,
wie die Seele es schon immer kennt.
In wahrhaftigem Frieden.

Amen

Meditation, um die Leere zu füllen

Mache es Dir so bequem wie möglich und schließe die Augen. Genieße die Stille, Deine Stille. Atme ganz entspannt ein und aus, ohne darauf Einfluss zu nehmen. Lasse Deinen Atem einfach fließen, ohne etwas dazu zu tun. Lasse die Entspannung Dich in den Arm nehmen und genieße die Zeit, ganz bei Dir sein zu können.

Richte Deine Aufmerksamkeit nun auf Deinen Schmerz und die Leere, die derjenige, der vorausgegangen ist, bei Dir hinterlassen hat. Wo in Deinem Körper spürst du die Leere? Möglicherweise im Solarplexus oder in der Magengegend? Im Herzen? Nimm Dir einige Minuten, um diese Leere wahrzunehmen.

Stelle Dir jetzt vor, dass Du in einen wundervoll warmen Naturteich steigst, der sich in einer traumhaften Seelenlandschaft befindet. Du lässt Dich in das Wasser gleiten und legst Dich hinein. Farbenprächtige Schmetterlinge sind mit Dir und umschwirren Dich und den Teich.

Nun visualisiere, dass diese Leere, dieses Loch, welches durch Deinen Verlust entstanden ist, sich mit glitzerndem, warmem Wasser füllt. Gib jetzt noch, ganz bewusst, folgende Zutaten dazu, um diesen Raum vollkommen auszufüllen, indem Du sagst:

„Ich fülle den Raum mit unserem Lachen.
Ich fülle den Raum mit unseren Tränen.
Ich gebe unsere Liebe hinein.
Ich fülle mich auf mit Deiner Kraft.
Ich fülle den Raum mit Deiner Schönheit.
Ich gebe unsere Verbundenheit in diesen Raum.
Ich gebe Deine Stimme in diesen Raum.
Ich fülle den Raum mit Deiner Wärme.“

Was immer Du noch in diesen Raum geben möchtest, so kannst Du es jetzt gestalten.

Lasse Dir einige Minuten Zeit, das Gesagte geschehen und wirken zu lassen, und erlaube Dir, dies nachzuspüren.

Mit der Gewissheit, dass Du jederzeit in diesen Teich zurückkehren kannst, steigst Du nun, aufgefüllt wie Du bist, wieder aus dem Wasser. Lasse Dich von der Sonne trocken, bevor Du wieder ins Hier und Jetzt zurückkehrst.

Gebet, um den Verlust zu verstehen

Du gingst in dieser Zeit.
So hilflos war ich und verloren.
Wütend, weil nicht gerecht.

Und doch weiß ich,
es ist diese Zeit,
in der viele gehen,
uns zu zeigen,
was geschieht.
Uns zu erwecken,
zum Erkennen.

Und ich weiß,
ihr geht aus Liebe zu uns.
Ihr habt gewählt und gewagt,
Ihr seid in Wahrheit die Retter.

Ich achte Euren Weg in höchstem Maße,
in Dankbarkeit.

Amen

Der Tod

Ein paar Zeilen möchte ich hier dem Tod widmen. Dem einen ist er verhasst, dem anderen die Erlösung. Der Tod, der nun vermehrt bei uns Einzug hält, ist einsam. Ich würde mir wünschen, dass wir uns mit ihm versöhnen. Bedeutet er doch nur einen Übergang in eine andere Welt. Wir wechseln die Räume sozusagen und gehen dahin zurück, wo wir ursprünglich hergekommen sind.

Einen geliebten Menschen zu verlieren ist tragisch, traurig und manchmal kaum zu ertragen. Der Verlust mag uns den Boden unter den Füßen entziehen. In meiner Arbeit als Jenseitsmedium bin ich gesegnet, dass ich Botschaften von Verstorbenen übermitteln darf. Diese sind für die Hinterbliebenen klärend, heilsam und schenken ihnen wie den Verstorbenen Frieden.

Ich möchte an dieser Stelle berichten, was ich bei einem Jenseitskontakt, den ich einmal gemacht habe, erlebt habe. Ein Mann kam auf mich zu und wünschte sich Kontakt zu seiner verstorbenen Schwester. Ich musste schmunzeln, denn er hatte einen ganzen Fragenkatalog dabei. Darunter waren u. a. Fragen wie „Ist sie mir böse, weil ich nicht an ihrem Grab war“ oder „Ist sie mir böse, dass ich nicht gesehen habe, wie schlecht es ihr ging“ usw. Die liebe Schwester beantwortete mir eine Frage nach der anderen und natürlich war sie ihm wegen nichts böse. Dieser Mann hat sich sein Leben lang Schuldgefühle eingeredet und konnte deshalb nie in die Trauer finden.

Als ich ihm das alles mitteilte, der Jenseitskontakt lief über das Internet, wir haben uns also persönlich nicht gesehen, gab er mir nach zwei Tagen ein kurzes Feedback. Er hatte an dem Abend, als ihn meine Nachricht mit den Antworten erreicht hatte, zusammen mit seiner Frau viel geweint. Eine unglaubliche Last fiel ihm von den Schultern und erleichterte ihn. Erst dann, nach vielen Jahren, konnte er trauern.

Ein halbes Jahr später schrieb mir seine Frau, dass er gestorben sei. Sie bedankte sich noch einmal sehr für den damaligen Jenseitskontakt mit seiner Schwester. Sie sagte, er habe neuen Lebensmut gefasst und Lebensfreude gewonnen. Und das Wichtigste: Er hatte keine Angst mehr vor dem Tod. Ich glaube, sein Weg war damals schon geschrieben. Durch den Kontakt zu seiner verstorbenen Schwester konnte er in Frieden und ohne Angst gehen.

Immer wieder erlebe ich als Jenseitsmedium, wie viel unausgesprochen blieb, wie bedauert wird, dass man sich nicht richtig verabschieden konnte. Und wie viel es noch zu besprechen gegeben hätte. Ich bin fest davon überzeugt, dass wir vieles noch klären könnten, nähmen wir uns die Zeit dazu, Zeremonien oder Rituale zu gestalten.

Der Tod oder – wie ich ihn gerne bezeichne – der Engel des Wandels dient uns. Das klingt womöglich für manche etwas befremdlich. Doch für mich ist es stimmig. Ich möchte ihm hier eine Stimme geben und eine Durchsage, die ich in Assisi, im Steineichenwald der Einsiedelei, in die sich der Hl. Franziskus und seine Gefährten oft zurückzogen, wiedergeben.

Ich setzte mich in der San Masseo Grotte auf einen Stein und erhielt folgende Botschaft:

Channeling

Der Tod spricht

„Hab Dich nicht entrissen,
hörte Deinen Ruf.
Deine heilige Essenz kehrt nun heim,
so ist Dein Wunsch meine Bestimmung.
Diesen Moment darf ich mit Dir teilen,
Dich geleiten zum Ursprung.
In reiner Liebe
führ ich Dich zu Deiner Heimat.
Die Engel,
wissend um Dein Kommen,
ihre Schwingen umarmen Dich.
Kann hören ihr Halleluja.
Erfüllt von Deinem Glück
kehre ich um und bin wieder allein.
So dankbar."

Gebet zur Verabschiedung von Tieren

Leg Dich zur Erd' und werde still,
ich bleib und wandere durch die Zeit.
Der Wind trägt Dich durch die Wälder.
Bist lebendig in den Farben der Welt.
So weit wie die Sterne bist Du entfernt
und doch so nah bei mir.

Amen

Spiritualität

Das Wesen der Spiritualität, ist nicht die Ansammlung von Techniken, Namen oder Titeln. Es ist die Weisheit, das Unwesentliche weglassen zu können. Was dann wachsen kann, ist die Erinnerung.

Glaube und Spiritualität von Begrifflichkeiten …

Die Spiritualität (vom lat. „Geist, Hauch“ bzw. spiro „ich atme“ oder altgriechisch wie Psyche) bedeutet im weitesten Sinne „Geistigkeit“ und bezeichnet eine geistige Haltung, bzw. im engeren Sinne eine geistige, spezifische religiöse ausgerichtete Haltung.

Der Glaube ist eine feste Überzeugung, die nicht auf Fakten und Beweisen, sondern auf dem Gefühl beruht bzw. auf einer religiösen Überzeugung.

Ist also Glaube und Spiritualität dasselbe? Irgendwie habe ich das Gefühl, dass das Wort Spiritualität schon etwas abgegriffen daherkommt und sich für einige gleich wie Esoterik anfühlt. Sehr viele Menschen leben heutzutage ein von Spiritualität geprägtes Leben, und das ist gut so. Fragt man sie jedoch, ob sie gläubig sind, lehnen sie kategorisch ab, weil sie es mit einer Religion gleichsetzen.

Nun, ist es nicht so, dass beide – der Gläubige und der Spirituelle – an eine höhere Quelle, an die Kraft allen Seins, an Gott, an das Universum GLAUBEN? Also, wo ist der Unterschied?

Meines Erachtens gibt es keinen. Ich kann nicht gläubig sein, wenn ich nicht spirituell bin, und ich bin nicht spirituell, wenn ich nicht glaube. Ist denn der Begriff Spiritualität „besser“ als der Begriff „Glaube“? Etwa, weil der Glaube unweigerlich in Verbindung mit den Religionen gebracht wird? Religion ist durch diejenigen, die fanatisch sind, anderen schaden im Namen ihres Glaubens, so negativ behaftet, dass sich viele nicht mehr damit identifizieren wollen. Fragt man jemanden, ob er gläubig ist, wird meistens abgewunken. Man hört ein „Ach, das ist doch veraltet“ oder ein „Hör mir bloß auf mit der Kirche“. Aber Glaube braucht keine Religion, Glaube ist etwas Wunderbares. Ich selbst sage gerne „Ich bin gläubig“ anstatt „Ich bin spirituell“. Aber ist das Wort Spiritualität besser, klingt es denn neuer und ist damit gefragter, moderner?

Ich finde, es ist an der Zeit, sich wieder mit dem „Glauben“ zu versöhnen. Ist es doch egal, wie man es nennt, denn beide – sowohl der Spirituelle als auch der Gläubige – sollten dies nicht trennen, es ist derselbe Weg. Und egal, welche Wege wir gehen und auf welche Weise, Ziel ist letztendlich immer dasselbe. Uns selbst zu erfahren, uns zu entwickeln und zu leben, wer wir wirklich sind.

Spiritualität hat unendlich viele Facetten. Besetzen wir sie mit Dogmen, machen wir daraus eine Religion.

Wer ist spirituell und wer nicht? Ein Mensch, der die Natur liebt und viel Zeit mit ihr verbringt, mitfühlend ist anderen Lebewesen gegenüber, ein bewusstes Leben führt und das tut, was ihn erfüllt, doch nicht meditiert oder sonstige Reisen nach innen ausübt, kein Yoga macht, Selbstfindungskurse besucht oder gar betet, kann ebenso spirituell sein wie ein Guru.

Wir sollten aufhören, uns in Begriffe und Bezeichnungen zu katalogisieren. Das tun nur wir Menschen. In der geistigen Welt gibt es keine Schubladen, kein Richtig oder Falsch, kein Urteil. Jemand, der regelmäßig meditiert, mit Engeln spricht oder Wesenheiten channelt, ist nicht automatisch ein „besserer“ Mensch. Auch in der sogenannten spirituellen Szene führt bei vielen das Ego das Kommando. Bei all unseren Bemühungen, unsere Göttlichkeit zu entdecken, vergessen wir allzu oft unsere Menschlichkeit. Doch diese dürfen wir genauso anerkennen, annehmen und lieben. Wir leben nun mal im Hier und Jetzt auf dieser Erde und deswegen sollten wir uns auch tatsächlich entscheiden, hier sein zu wollen.

Viele Teilnehmer habe ich erlebt, die mir im Laufe der medialen Ausbildungen sagten, sie würden lieber in der geistigen Welt bleiben, bei ihren Engeln oder ihren Verstorbenen. Doch wir haben uns ausgesucht, hier zu sein. Es hat einen Grund, auf der Erde zu sein, und wir dürfen lernen zu akzeptieren, dass wir hier unseren Platz haben und Gutes tun dürfen für das große Ganze.

Wir dürfen die Dualität als das erkennen, das sie ist:
Ein Geschenk. Ohne sie könnten wir uns nie erfahren.

Nachfolgend möchte ich einiges darstellen, das Euch helfen kann, in Kontakt mit der geistigen Welt zu kommen. Gebete und Meditationen, die Euch einen Einstieg in diese Welten verschaffen. Wenn ihr Euch dabei wohlfühlt und tiefer einsteigen möchtet, so würde ich Euch jedoch immer empfehlen, einen entsprechenden Kurs oder eine Ausbildung zu wählen bei einem seriösen, spirituellen Lehrer oder Heiler, der Euch an die Hand nehmen und dort abholen kann, wo ihr gerade seid. Ein guter seriöser Lehrer bzw. Heiler wird Euch immer in die Selbstverantwortung führen. Gerade in diesen Zeiten ist ganz klar erkennbar, dass wir verlernt haben, für uns selbst die Verantwortung zu übernehmen, selbst zu denken. Das ist ein ganz großes Defizit in unserer Zeit. Wenn Ihr Euch also auf den Weg macht, Eure Reise in Euer Innerstes anzutreten, so seid gewiss, die meiste Arbeit liegt bei Euch selbst. Heilung oder Spiritualität kann man nicht konsumieren. Niemand kann es in uns „einpflanzen", da sind wir selbst gefragt und dürfen fleißig sein.

Brich auf zu Deiner inneren Reise!
Entdecke Dein Land der Möglichkeiten und wachse
in den Himmel.

Wir wünschen uns die Spiritualität in unserem Leben nur, weil wir uns getrennt fühlen. Tief in uns spüren wir, dass wir von einem Ort herkamen, an dem wir mit der großen Quelle, mit dem großen Bewusstsein, mit Gott – wie auch immer wir es bezeichnen möchten – in einem Maße verbunden waren, in dem wir nur noch Liebe empfanden. Geliebt, liebend, seiend. Nichts als die reine, pure Liebe. Reines Licht.

Die gute Nachricht ist, wir sind nie getrennt. Die weniger gute, dass wir uns daran nicht erinnern können, sobald wir inkarniert sind. Eine der Hauptlernaufgaben, und das für alle Menschen, ist, dass wir uns in unserem Erdenleben wieder daran erinnern und die Verbindung ganz bewusst spüren. Dies zu erkennen und zu erfahren, ist für mich der Sinn meines Lebens.

Wir Menschen suchen ganz unbewusst nach Möglichkeiten, wie wir uns in unserem täglichen Leben wieder verbunden fühlen können. Frauen, die z. B. viele Kinder gebären, machen dies oft, weil sie sich, wenn sie schwanger sind, verbunden fühlen. Das passiert ganz unbewusst. Oder Menschen, die sehr oft in die Natur gehen, fühlen sich dort verbunden mit allem, was ist. Die Natur gibt ihnen dieses bestimmte Gefühl der Verbundenheit, ohne dass sie es bewusst so wahrnehmen und benennen könnten.

Das Gefühl der Geborgenheit ist eine Erinnerung an unser allumfassendes Verbunden-Sein.

Gebet zur Stärkung der Herzverbindung

Ich weiß, Du sprichst oft mit mir.
Ich höre Dich, Du hast so viel zu sagen.
Möchte immer auf Dich hören,
tue alles, was mir möglich ist.
Dankbar und voller Demut
für das, was Du mir gibst.
Ich lasse Dich wachsen und scheinen.
So leuchtend voller Licht sollst Du sein,
dass andere sich in Deinem Glanze sonnen können.
Geliebtes Herz,
meine Narben trägst Du
und mein Glück.
Voller Liebe und Hingabe bist Du,
selig, dass Du für mich schlägst.
Voller Dankbarkeit.

Amen

Channeling

„Jetzt ist eine besondere Zeit, in der sich Herzen verbinden. Entscheidet Euch jetzt für Eure Heilung. Die geistige Welt wird Euch bei all Euren Vorhaben diesbezüglich unterstützen. Wenn der Weg auch schmerzhaft sein mag, seid gewiss: der Schmerz ist Euer Diener.

Befreit Euch von den Ketten der Vergangenheit und findet Einzug in Eure Herzen. Lasst Eure Herzen Eure Führer sein und strebt nach Erfüllung. Seid gewiss, Ihr werdet von der geistigen Welt unterstützt, jedoch seid Ihr die Handwerker Eures Lebens.

Ihr selbst habt alles in Euch. Eure Antworten sind bereits da, bevor Ihr die Fragen stellt. Begebt Euch auf die innere Reise und Euer Fleiß wird belohnt werden."

Es sprach *Gabriel, der Botschafter*

Stille

Ein ganz wichtiger Aspekt ist die Stille. Um uns auf unserer Reise zu uns selbst hören zu können, müssen wir still sein. Sich ein paar Minuten pro Tag nur in die Stille zu setzen, ist genauso Meditation wie eine geführte, gesprochene Reise mit schöner Musik. Stille muss man auch aushalten können. Doch wenn wir uns darauf einlassen, können wir tatsächlich Antworten hören, bevor wir die Fragen dazu kannten. Einen Stille-Retreat für beispielsweise eine Woche irgendwo hin, wo Abgeschiedenheit möglich ist, kann ich jedem bestens empfehlen. Ihr lernt Euch dabei wirklich kennen und ganz neu wahrnehmen, denn an Deinem inneren Ort, der tiefer liegt als jede Wirklichkeit, dort, wo die stillste Stille schläft, wo nichts ist, findest Du alles.

Meine Empfehlung ist, wenn Du das Gebet, um in die Stille zu kommen, betest, dann tue es, wenn Du danach noch Zeit hast, in der Stille zu sitzen. Eine Weile, ganz wie es Dir guttut. Deine Zeit, die nur Dir gehört. Ein Geschenk.

Gebet, um in die Stille zu kommen

Ich geh in die Stille, suche meinen Ort,
Gedanken schicke ich ganz weit fort.
Entlasse den Lärm und den Krach,
die Geräusche und das Getöse,
welches mich stets überflutet.

Ich geh in die Stille und suche meinen Ort,
lasse meine Seele reisen, weit weg, fort.
Genieße es, nichts zu hören von der Welt,
wie Schnee, der lautlos zu Boden fällt.

Ich geh in die Stille und finde meinen Ort,
tief in meinem Innern,
wo ich Heilung und die Weisheit spüre,
finde ich meinen Seelenfrieden.
Danke.

Amen

Das Höhere Selbst

Das Höhere Selbst ist unser reinster Selbstanteil. Dieser Anteil ist Dein wahres ICH. Dein Überich sozusagen. Verbunden mit allem, reinstes Bewusstsein und befindet sich etwa einen Meter über Deinem Kopf. Und doch ist es Dein Innerstes ICH.

Da es Deine reinste Form und mit allem verbunden ist, weiß es alles. Um mit dem Höheren Selbst in Kontakt zu kommen, habe ich die nachfolgende Meditation geschrieben. Sei nicht enttäuscht, wenn Du beim ersten Mal nicht so viel wahrnimmst. Auch dies will geübt sein, und Du wirst sehen, je öfter Du dabeibleibst, umso wertvoller wird die Erfahrung.

Der Mensch versucht so sehr jemand anderer zu sein,
anstatt einfach sein Höheres Selbst zu leben.

Atemübung zum Höheren Selbst

Schließe deine Augen und visualisiere Deine Verbindung zu Mutter Erde, indem Du Dir vorstellst, dass von Deinen Füßen Wurzeln in die Erde wachsen. Durch den Fußboden und Keller. Durch Erdreich, Kieselsteine, Lehmschichten, Grundwasser, Felsen. Deine Wurzeln reichen weit in die Erde, bis sie schließlich den Erdkern erreichen und sich um ihn ranken.

Dies ist Deine feste Verbindung zu Mutter Erde und dem Hier und Jetzt.

Richte nun Deine Aufmerksamkeit auf Deinen Atem und erlaube Dir, ihn bewusst zu steuern. Beginne damit, Dir vorzustellen, etwa drei Sekunden lang goldenes Licht durch die Nase, in Dein Herzchakra einzuatmen, den Atem für etwa drei Sekunden anzuhalten und dann durch den Mund ca. sechs Sekunden wieder auszuatmen. Du atmest dieses goldene Licht durch die Nase und in dein Herzchakra ein. Hältst den Atem an und atmest durch den Mund wieder aus.

Dabei spielt es keine Rolle, ob die Atemintervalle genau der Zeit entsprechen. Steuere Deinen Atem so, wie es dir gerade angenehm ist. Vielleicht etwas länger, vielleicht etwas kürzer.

Stelle Dir nun vor, Dein Atem bildet eine Brücke mit diesem goldenen Licht, von Deinem Herzchakra zu Deinem Kehlkopfchakra. Du atmest in Dein Herzchakra und weiter bis in Dein Kehlkopfchakra. Hältst dort den Atem fest und atmest durch den Mund wieder aus.

Nun bilde eine weitere Atembrücke aus Licht zu Deinem dritten Auge. Einatmen über das Herzchakra, durch die Nase, weiter über Dein Kehlkopfchakra bis in Dein drittes Auge. Und durch den Mund wieder aus.

Und weiter geht Dein Atem hinauf zu Deinem Kronenchakra. Die goldene Brücke reicht nun von Deinem Herzchakra, über den

Kehlkopf und Dein drittes Auge bis zum Kronenchakra. Du atmest goldenes Licht ein, welches nun über die Brücken zu Deinem Kronenchakra reicht. Nachdem Du kurz den Atem angehalten hast, atme durch den Mund wieder aus.

Stelle Dir nun eine weitere Brücke von Deinem Kronenchakra hinauf zu Deinem Höheren Selbst vor. Wiederhole einige Atemzüge und nimm wahr, wie es dort immer heller und lichtvoller wird. Wenn Du nun ganz mit Deiner Aufmerksamkeit in Deinem Höheren Selbst bist, übergib Deine Atmung wieder Deinem Unterbewusstsein und lasse Dich atmen.

Du bist nun an Deinem reinsten Ort Deiner selbst. Ich lade Dich ein, für ein paar Momente dort zu verweilen. Vielleicht bekommst Du eine Botschaft, vielleicht genießt Du es einfach nur, in Deinem Licht zu strahlen.

Nun werde Dir Deiner Verbindung zur Quelle bewusst. Stelle Dir vor, eine Lichtschnur verbindet Dein Höheres Selbst mit der Quelle des Universums. Du bist rückverbunden. Du bist in Sicherheit, geschützt und geborgen.

Richte Deine Aufmerksamkeit jetzt wieder auf Dein Höheres Selbst und gehe langsam durch Deine Chakren, über Deine Brücken wieder zum Ausgangspunkt. Visualisiere Deine Wurzeln zu Mutter Erde und öffne Deine Augen.

Diese Übung sollte am besten täglich an 21 aufeinanderfolgenden Tagen gemacht werden.

Warum 21 Tage?

Aus spiritueller Sicht steht die 21 für Christus und die allumfassende Liebe zu Gott. Es ist die Energie des Ansporns, der Kraft, Ausdauer und Unermüdlichkeit. Sie ist eine sehr hohe und machtvolle Schwingung und symbolisiert die Ganzheit (Erwähnung von 21 Vollkommenheiten der Weisheit im Alten Testament).

Entwicklung

Spiritualität beinhaltet Wachstum und Entwicklung. Das wünschen wir uns alle. Dazu gehört, sich selbst zu erfahren und sowohl seelisch als auch geistig als auch körperlich zu wachsen, um Transformation zu erfahren. Wir legen viel Wert auf ganzheitliche Medizin oder Lebensweisen. Also Körper, Geist und Seele. Und das ist auch hier unerlässlich. Eine Weiterentwicklung von Geist ist ohne den Körper nicht möglich, auch nicht umgekehrt. Wir können nicht wachsen in der Spiritualität, ohne auch unserer Seele zuzuhören. In meinen Ausbildungen lege ich großen Wert darauf, dass die Teilnehmer ganzheitlich bei der Sache sind.

Eine mediale Ausbildung ist ohne Persönlichkeitsentwicklung nicht denkbar. Deswegen findet Ihr hier in dem Kapitel Spiritualität nicht nur Reisen in die geistige Welt, sondern auch Möglichkeiten, Eure persönlichen Themen anzugehen, Blockaden zu lösen oder aus alten Mustern auszusteigen. So lade ich Euch ein, mit Altem zu brechen und Neues in Euer Leben einzuladen, denn Gewohnheit ist eine Gauklerin, ihre Sicherheit ist trügerisch.

Entwicklung ist Abenteuer. Wir begeben uns in einen reißenden Fluss, paddeln um unser Leben. Das Herz klopft und Adrenalin pumpt durch den Körper. Jeder Muskel ist gespannt, wenn wir uns durch die Stromschnellen bugsieren. Wir sind in höchstem Maße konzentriert und vielleicht, ja vielleicht flackert auch die Angst ein wenig hoch. Aber es ist keine Zeit nachzudenken und keine Option abzubrechen. Wir sind mittendrin in dem Strudel, jetzt heißt's nur noch durchhalten.

Haben wir die Herausforderung geschafft und sind wieder in ruhigerem Gewässer gelandet, können wir uns entspannen. Wir sind zwar erschöpft, aber auch glücklich und ein wenig stolz, dass wir nicht aufgegeben haben. Noch dazu haben wir uns selbst erfahren und eine Lektion gelernt: Auch wenn es manchmal „eng“ war und die Herausforderung uns sämtliche Kräfte zu rauben schien, haben wir durchgehalten und sind daran gewachsen.

Ich kann nur empfehlen: Auf ins Abenteuer!

In ruhiger See mutig zu sein, ist eine leichte Sache. Sich mutig in den Sturm zu werfen, standhaft im Bewusstsein seines Selbst, ist das Meisterstück.

Zur Entwicklung unseres Selbst dürfen wir erkennen, dass wir vieles, was wir im Laufe des Lebens angesammelt haben und seitdem mittragen, loslassen dürfen. Wenn wir negative Erfahrungen gemacht haben, unangenehme Situationen erlebt haben usw., bleiben diese Erinnerungen und Emotionen gespeichert. Wir tragen sie mit, wie einen Rucksack voller Ballast. In unserer Aura, in unseren Zellen, im Gedächtnis. Es ist Zeit loszulassen. Jetzt …

Gebet zum Loslassen

An einem Tor stehe ich nun,
kann eintreten in die Leichtigkeit.
Loslassen allen Ballast.
Frei in meinen Handlungen,
ohne Verpflichtung,
gebe ich ab,
jenes, was mich quält,
jenes, was mich hindert.
Alles, was nicht mehr gebraucht,
entflieht und verlässt mich.
Ich trete durch mein Tor
voller bunter Schmetterlinge.
Sie zeigen mir leicht zu sein
im Hier und Jetzt.
Freude zu danken.

Amen

Erdung

Bei unserer spirituellen Arbeit ist es wichtig, geerdet zu bleiben. Wir wünschen uns, die Anbindung nach oben in die geistige Welt zu verstärken, und neigen dazu, immer nach oben zu arbeiten, im Licht zu sein, und vergessen dabei oft, dass wir hier im Leben stehen, welches Dualität, Alltag, Menschsein bedeutet. Das Leben eben.

Deswegen empfehle ich, sich von Zeit zu Zeit zu erden und sich ganz bewusst auf Mutter Erde zu „verankern". Bei der spirituellen Praxis ist es unerlässlich, sauber zu arbeiten. Uns, nachdem wir in der geistigen Welt waren, bewusst zu verabschieden. Quasi die Türe dazu zu schließen, um dann wieder in unsere Realität zurückzukehren. Das Erden hilft uns dabei. Wir müssen nicht jedes Mal ein Erdungsritual durchführen. Es gibt auch ganz reale Möglichkeiten, uns zu erden. Z. B. durch Essen oder in die Natur zu gehen.

Von Zeit zu Zeit jedoch tut es gut, nachfolgende Erdungsmeditation zu machen.

Meditation
Erdung und Reinigung

Sitze oder liege so entspannt wie möglich. Schließe die Augen und atme bewusst und ruhig ein und aus und beobachte Deinen Körper, was er tut, damit Du ein- und ausatmen kannst. Spüre, an welchen Stellen Dein Körper auf der Unterlage, auf der Du sitzt oder liegst, aufliegt. Wo Deine Füße den Boden berühren. Atme tief in Deinen Bauch hinein. Konzentriere Dich ganz auf Dein Atmen.

Nun hebe das linke Bein ein Stück an und spanne alle Muskeln ein paar Sekunden an, so viel, wie es Dir noch guttut, und lasse es wieder los. Und noch einmal anheben, anspannen und wieder loslassen. Jetzt hebe das rechte Bein an, spanne alle Muskeln an und lasse es dann wieder los. Gerade, dass es ein bisschen anstrengend ist, aber nicht zu sehr. Und noch einmal anheben, anspannen und wieder loslassen. Du kannst wahrnehmen, wie sich Wärme und Schwere in den Beinen ausbreiten.

Nun erzeuge eine sanfte Spannung in Deinem Gesäß und Deinem unteren Bauch, ein paar Sekunden und lasse sie dann wieder los. Und noch einmal anspannen und loslassen.

Spanne nun den Bauch an, so viel, wie es Dir gerade noch angenehm ist, und lasse dann wieder los. Und ein zweites Mal.

Hebe jetzt Deinen linken Arm, spanne die Muskeln an, balle die Hand zur Faust. Halte und lass dann wieder los. Noch einmal anspannen und loslassen. Hebe Deinen rechten Arm, spanne ihn an … und lasse los. Und noch einmal anspannen und lösen.

Ziehe jetzt die Schultern nach oben in Richtung der Ohren und deine Gesichtsmuskulatur in Richtung der Nasenspitze und lass wieder los. Und noch mal …

Spürst Du in Deinem Körper noch einen Ort, dem diese Art von Entspannung wohltuend sein könnte, so gönne diesen Stellen in Deinem Körper noch einige Atemzüge diese Art von Entspannung.

Nun stelle Dir vor, wie von Deinen Füßen Wurzeln in die Erde wachsen. Tief hinunter durch den Boden, durch Grundwasser und alle Gesteinsschichten bis zum Mittelpunkt der Erde, dem Erdkern.

Siehe oder fühle, wie sich Deine Wurzeln fest um den Erdkern ranken und fest mit dem Erdmittelpunkt verwachsen. Du hast nun einen unerschütterlichen Stand und bist fest mit Mutter Erde verbunden.

Stelle Dir nun vor, dass Du alle energetischen Felder, die nicht aus Licht und Liebe bestehen, durch Deine Wurzeln abfließen lässt. Stelle Dir vor, Du stehst unter einer Dusche und wäschst Dir eine dicke Schlammschicht ab, bestehend aus Schmerz, Trauer, Wut, Demütigung, Respektlosigkeit, negativen Erlebnissen und Situationen, Ärger oder einfach dem, was Du loslassen möchtest. Das, was Dir nicht guttut, den ganzen negativen Ballast. Lass alles in Deine Wurzeln abfließen, schicke alles in den Erdkern. Mutter Erde nimmt uns das gerne ab und löst es auf. Siehe oder fühle, wie Du immer sauberer, immer mehr gereinigt wirst. Dusche Dich so lange ab, bis der ganze Dreck abgeflossen ist. Am Ende bedanke Dich für die Erfahrung.

Stelle Dir jetzt vor, wie ein hell leuchtender, goldener Lichtstrahl aus dem Kosmos in Dein Scheitelchakra an der Oberseite Deines Kopfes in Dich leuchtet. Lasse dieses Licht in Deinen Körper strahlen. Stelle Dir vor, wie es durch Deinen Kopf, durch den Hals in Deine Schultern, Arme und Hände, Deinen Oberkörper fließt. Und weiter durch den Unterleib in Deine Beine und Füße. Jede Deiner Körperzellen, Dein Blut, Deine Organe werden mit Licht durchflutet. Du füllst Dich vollkommen auf mit diesem göttlichen Licht, dieser heilenden Energie. Stelle Dir vor, Du bist eine Glühbirne und erstrahlst in blendendem Licht. Lass es durch Deinen ganzen Körper fließen, lass es nun durch Deine Wurzeln in die Erde fließen, bis zum Mittelpunkt der Erde, zum Erdkern. Wie ein Lichtkanal empfängst du das Licht, füllst Dich auf und lässt es durch Deine Wurzeln in die Erde fließen.

Die Energie fließt vom Kosmos durch Dich hindurch, durch jede Deiner Zellen, durch Deine Wurzeln in die Erde. Du bist verbunden durch das göttliche Licht mit dem Kosmos und der Erde.

Genieße dieses Erfülltsein und die Verbundenheit noch einen Augenblick, bevor Du dann langsam Deine Aufmerksamkeit wieder ins Hier und Jetzt bringst. Atme ein paarmal tief ein und aus, strecke Dich und öffne die Augen.

*

Wenn wir uns auf den Weg zu uns selbst machen, werden wir von Zeit zu Zeit zwangsläufig auf unsere Themen stoßen. Wir sind dazu eingeladen, sie zu bearbeiten, aufzulösen und Neues in unser Leben einzuladen. Jeder von uns hat seine Geschichte und manchmal nervt es uns, wenn wir immer wieder in denselben Situationen landen, auf die Nase fallen sozusagen, oder uns unsere Muster immer erneut „aufs Brot geschmiert“ werden.

Nun dürfen wir uns freuen und die Verantwortung übernehmen, aus diesen sich ständig wiederholenden Schleifen auszutreten. Genau das ist es, das uns in unsere ureigene Schöpferkraft bringt. Sind wir bereit, eine Entscheidung zu treffen und die Themen anzugehen, laden wir die vorhandenen, neuen Möglichkeiten, die sich bereits im Universum befinden, zu uns ein. Jede unserer möglichen Zukunft ist als Energie bereits vorhanden. Werden wir aktiv und selbstverantwortlich, können wir sie zu uns einladen. Das Universum reagiert auf uns und sendet uns die entsprechenden Möglichkeiten.

Wer kennt das nicht? Du beschäftigst Dich mit einem bestimmten Thema und plötzlich lernst Du neue Leute kennen, die sich genau mit der gleichen Sache auseinandersetzen. Oder Du wirst hingeführt zu einem Platz oder einer Veranstaltung und plötzlich eröffnen sich neue Wege. Wenn Du eine Türe schließt, geht eine andere auf. Doch die geistige Welt fordert uns auf, den ersten Schritt zu tun, am Anfang steht unsere Entscheidung.

Wenn Du Deiner Schöpferkraft Raum gibst,
ist Dein Feldzug beendet.

Bei nachfolgendem Gebet geht es um unseren Körper. Ich lade Dich dazu ein, Dich bei diesem Gebet zu bewegen. Bewege Dich ganz intuitiv zu den Wörtern. Du wirst merken, dass es eine ganz intensive Erfahrung sein kann.

Körpergebet

Gekommen aus dem Lichte,
atme ich in Dir, dem Außergewöhnlichen.
Ich atme und beuge mich,
ich atme und beuge mich.

Zu erfahren und zu lernen nehme ich aus der Vergangenheit,
aus der Gegenwart und in der Zukunft.
Von den Ahnen, der Familie, den Brüdern und Schwestern,
von Mutter Erde und Vater Himmel.

Ich gehe vor und zurück und träume davon,
meinen Willen klar zu erkennen,
mir mit Leichtigkeit zu folgen.
Zu hören vom Anfang geheimnisvoller Geschichten.

Bis ich die Erkenntnis finde und meinen Plan verstehe,
bis dieses Flüstern sich ausbreitet
und als Wahrheit in allem erklingt,
bin ich in Dir und folge mir.

Amen

Gebet, um in die Eigenverantwortung zu treten

Nun bin ich hier
und stehe für mich selbst.
Gib mich nicht mehr aus der Hand.
Stehe für meine Entscheidungen,
meinen Willen,
meine Bedürfnisse,
meine Zukunft.
So spüre ich, wie mächtig ich werde.
Kraftvoll und unbesiegbar,
klar in meinen Aussagen.
Kein Einfluss mehr vom Außen,
das Innere ist groß.
Fühl mich wie ein Phönix,
richte mich auf.
Ich bin groß.
Ich bin unendlich.
Und ich spreche für mich.
Immer …
Danke.

Amen

Ich fragte mich oft, wenn wir ein so großes Potenzial mitbringen, wenn wir inkarnieren, warum können wir nicht darauf zugreifen? Was können wir tun, um unsere Ressourcen auszuschöpfen? Irgendwann wollte ich es wissen und überlegte mir, ich könnte den Engel fragen, der uns auf die Erde begleitet, wenn wir inkarnieren:

Channeling

„Die Ankunft auf Erden ist eine heilige Handlung. Die Seelenanteile, so rein, kraftvoll und pur. So bringe ich Dich.

Hört wieder, lauscht dem Ruf der Quelle. Stellt her erneut die Rückverbindung zum Ursprung und aktiviert Eure Gaben, Fähigkeiten und Talente. Dazu benötigt Ihr ein klares Bewusstsein, weit ab von Ego und Verstand. Lasset los Eure Wertvorstellungen und Erwartungen. Schält Euch von Ansprüchen und befreit Euch von Urteil. Ladet ein die reine Essenz Eures Selbst, Eure pure Präsenz. Vertraut und geht zurück, indem Ihr sagt:

‚Kraft meiner göttlichen Essenz, Kraft meines göttlichen Bewusstseins, das ich bin, verbinde ich mich mit meinem Ursprung, meiner Quelle, dort wo meine pure Essenz geboren wurde. Zu dem Ort, an dem ich bin, will ich gehen. Ich sehe, ich bin ein volles Gefäß, welches von innen leuchtet. Meine göttliche Reinheit strahlt hell und kraftvoll. Ich aktiviere alle meine Ressourcen, um zu dienen dem Großen und Ganzen. Jetzt!

Ich fülle mich und werde gewahr meiner Größe. Wahrhaftig, barmherzig und gerecht. Jetzt! Ich bin rückverbunden zu mir, zu allem, was ist, was war und was sein wird. Jetzt! Ich bin in Sicherheit. Ich bin. Ich liebe. Ich liebe. Ich liebe.‘

Es sprach der Engel der Gnade. Der, der die Seelen bringt.

Gebet zur Entfaltung meiner Möglichkeiten

In dieser Zeit der Innenschau
entdecke ich mich plötzlich.
Überrascht und glücklich,
mich so wahrnehmen zu können.
Vieles darf jetzt gehen,
Neues darf ich einladen.
Und so entscheide ich mich,
den Blick nach vorne zu wagen.
Vergessen sind alte Strukturen,
willkommen neue Möglichkeiten.
Ich öffne mich für das Unbekannte
und freue mich des Lebens.
Danke.

Amen

Meditation
Reinigung und Aktivierung der Zirbeldrüse
Eine Reise zu den Plejaden

Schließe die Augen und richte Deine Aufmerksamkeit auf Deinen Körper. Spüre, wie Du auf der Unterlage aufliegst oder sitzt, und erlaube es Dir, es so bequem wie möglich zu haben.

Beginne bei Deinen Füßen und Unterschenkeln. Ist dort noch irgendeine Anspannung zu spüren, so lasse jetzt los. Gehe weiter zu Deinen Oberschenkeln, Gesäß und Unterbauch. Fühle, ob Du Dich irgendwo anspannst, und lasse auch dies los. Gehe weiter zu Deinem Oberkörper und den Schultern, und fühle nach, ob dort irgendeine Anspannung zu spüren ist. Ist es so, lasse los, lasse sie gehen. Und weiter zu Deinen Armen, bis in die Fingerspitzen und zu Deinem Hals und Nacken. Liege ganz locker und lasse Deine Arme mit Schultern einfach auf die Unterlage fallen. Löse alle Anspannung, die möglicherweise noch vorhanden ist. Nun richte Deine Aufmerksamkeit auf Deinen Kopf und Dein Gesicht. Sind Augenpartie und Kieferbereich gelöst und entspannt? Liegt Deine Zunge locker in Deinem Mund oder drückst Du Sie unbewusst noch gegen Deinen Gaumen? Wenn ja, löse auch diese Anspannung und lasse Deinen Körper völlig loslassen.

Visualisiere Deine Verbindung zum Kosmos über den hellen, leuchtenden Lichtstrahl, der durch Dein Scheitelchakra hindurchfließt, bis über Deine Wurzeln, die Dich mit Mutter Erde verbinden, tief in die Erdmitte, zum Erdkern. Du bist verbunden mit dem Kosmos und mit Mutter Erde.

Nun richte Deine Aufmerksamkeit auf Deinen Atem. Atme etwa drei Sekunden tief ein, halte den Atem fest, indem Du für etwa drei Sekunden den Atem anhältst, und atme danach durch den Mund ca. sechs Sekunden wieder aus. Dabei ist es nicht wichtig, genau dieses Zeitintervall einzuhalten. Erlaube Dir, die Atemtechnik genau auf Dein Bedürfnis anzupassen. Also atme ganz intuitiv, vielleicht ein wenig länger oder kürzer. Nimm Dir einige Momente, in denen Du diese Art des Atmens durchführst. Einatmen, den Atem anhalten und ausatmen. In Deinem Tempo, in Deinem Rhythmus, in Deiner Zeit.

Genieße diese Augenblicke und die Freude auf die bevorstehende Reise. Dies ist Deine Zeit, eine Zeit, die nur Dir gehört.

Nun übergib Deinen Atem wieder Deinem Unterbewusstsein und lasse Dich atmen. Lasse ihn ganz unbewusst fließen. Nimm keinen weiteren Einfluss auf ihn. Beobachte einfach, was Dein Körper tut, damit Du atmen kannst, ohne dies zu bewerten.

Ich lade Dich nun ein, Dich völlig auf Dein Inneres, Deinen Kern zu zentrieren. Nimm Deine Essenz nun ganz deutlich wahr und spüre, wie zentriert Du in Deinem Inneren bist, während Deine äußere Hülle und Deine Dich umgebenden Energiekörper in ein neutrales Nichts übergehen. Du bist vollkommen bei Dir, in Dir und nimmst diese starke, unglaubliche Liebe wahr, die Deinen innersten Kern ausmacht. Dies ist Deine wahre Essenz.

In diese Energie eingehüllt, fühle, wie sich dieses Nichts, welches Dich nun umgibt, anfühlt, während es sich immer weiter ausdehnt. Dieses Nichts, welches doch alles ist, birgt jede Deiner Möglichkeiten. Spüre, wie es weiter und weiter wächst und sich ausdehnt. Über diesen Raum hinaus, über diese Stadt hinaus und über diese Welt hinaus. Weit in das Weltall, in das unendliche Universum.

Richte Deine Konzentration auf die unendliche Weite des Alls, während Deine starke Präsenz im Inneren weiter gehalten bleibt, reist Du nun durch das Weltall. Du bewegst Dich fort in dieser Unendlichkeit, ohne etwas dafür zu tun. Du bist nichts und alles in einem Meer aus nichts und allem. Du reist immer weiter, bis zu einer Sternengruppe, die aus 7 Sternen besteht. Dies sind die

Plejaden. Du kannst das Sternbild ausmachen und steuerst direkt darauf zu, denn Du wirst dort bereits erwartet.

Große, in einem wunderschönen kristallinen Blau leuchtende Wesenheiten, nehmen Dich in Empfang und heißen Dich willkommen. In Ihren großen, wundervollen Augen kannst Du das ganze Universum erblicken. Die Liebe und Schönheit, die Dich dort empfängt, ist atemberaubend.

Diese wundervollen Wesenheiten tragen alles Wissen in sich, alles, was war und was je sein wird. Sie wissen also auch, was genau mit Dir zu tun ist, und voller Vertrauen begibst Du Dich in Ihre Hände. Sie führen Dich zu einer kristallenen Liege und Du lässt Dich darauf nieder.

Die Wesenheiten bereiten nun alles vor, um Deinen Kopf und Dein Gehirn zu reinigen. Sie beginnen mit Deiner Behandlung und lösen alle Verklebungen, reinigen Deine Blutbahnen, entfernen etwaige Implantate und füllen Dich auf mit kristallener, hell leuchtender, blauer Energie. Sie reinigen Deine Zirbeldrüse und die Hirnanhangdrüse von Giftstoffen und Verkalkungen und aktivieren diese zugleich. Deine Hirnanhangdrüse an Deiner Nasenwurzel ist die Verbindung zu Deinem dritten Auge, welches nun geöffnet wird. Deine Zirbeldrüse ist Deine Antenne nach oben, in die geistige Welt. Sämtliche Bereiche in Deinem Kopf und Gehirn werden gereinigt, durchgespült und aufgefüllt mit diesem wissenden, kristallinen Licht. Genieße noch einige Momente die liebevolle Behandlung dieser Wesenheiten, die ein Licht, Liebe und Wissen in sich tragen, welches unbeschreiblich ist und welches sie gerne mit uns teilen möchten.

Nachdem Deine Behandlung beendet ist, kannst Du Dich aufrichten und gerne die Kommunikation mit Ihnen beginnen. Sie sind gerne bereit, Dir Fragen zu beantworten oder Dir eine Botschaft für Dich mitzuteilen.

Genieße noch einige Momente das Verweilen in dieser Zusammenkunft.

Nun ist es Zeit, sich zu verabschieden und sich zu bedanken. Du darfst Deine Reise zurück jetzt antreten. Sieh, wie Du, wie von einem Sog angezogen, wieder durch die Weiten des Alls zurück auf die Erde gezogen wirst. Dieses unendliche Nichts, welches Dich umgibt, wird – je weiter Du der Erde kommst – wieder kleiner. Immer kleiner, bis Du schließlich wieder in diesem Raum, in Deinem Körper angekommen bist. Du bist immer noch mit Deinem inneren Kern verbunden. Diese Verbindung war schon immer und wird auch immer sein.

Richte jetzt Deine Aufmerksamkeit wieder gezielt auf Deinen physischen Körper. Bewege Deine Zehen, Deine Fingerspitzen und Deine Gliedmaßen. Spüre noch einmal die Verbindung mit Mutter Erde durch Deine Wurzeln und kehre zurück mit Deiner Aufmerksamkeit ins Hier und Jetzt.

Gebet für Klarheit

Hier stehe ich nun
in klarem Lichte.
Lasse ab von Gedanken,
von Vorschriften,
von Worten anderer.
Hier stehe ich,
allein in klarem Bewusstsein meines Selbst.
Und plötzlich sehe ich klar,
weiß, wohin ich will,
und folge dem Ruf meiner Seele,
höre, wie sie mir den Weg weist,
und sehe mich mit ihren Augen.
In Dank.

Amen

Der Wandel

Die Zeit des Wandels ist jetzt. Das Goldene Zeitalter ist vorausgesagt. Oh wie sehr wünschen wir uns, das zu erleben. Was wir dabei gerne übersehen, ist, dass jeder Einzelne gefragt ist, seinen eigenen Wandel zu vollziehen. Veränderst Du Dich, veränderst Du die Welt. Beginne bei Dir selbst.

Das Gebet des Wandels

Jetzt, in der Zeit des großen Wandels,
sehe ich die Zeichen,
höre die Botschaften
und erkenne meine Geschichten.
Jetzt, da das Flüstern sich ausbreitet
und meine Schreie verstummen,
kann ich wandeln,
meinen Geist, meinen Körper.
Meine Seele wissend
ob meiner Weisheit,
meines Friedens
und gewiss meiner Freiheit.
Ich gehe voran und alle Zweifel verlassen mich.
Ich wandere.
Auf meinem Weg begegnet mir Großmutter Heilung.
Eingeladen trage ich sie in mir und lasse sie emporsteigen.
So wandere ich durch die Welten und offenbare mich.
Wachse in meiner Göttlichkeit und bin erfüllt von Licht.
Nun kann ich begreifen meinen Plan,
mich erinnern,
mich verstehen.
Und so sehe ich klar meiner Seele Bitte.
So, wie seit jeher gesprochen.

Ich gehe den Pfad.
Den, der einzig wirklich und wahrhaftig ist.
Den Pfad der Liebe, bedeckt mit dem Tuch der Ewigkeit.
Denn ich bin ewig.
Danke.

Amen

Ungefähr zur selben Zeit, als ich dieses Gebet des Wandels bekommen habe, erhielt ich eine Botschaft von Erzengel Gabriel, welche hierzu sehr passt:

Channeling

„Der Wandel war noch nie so spürbar, im Innen wie im Außen, wie jetzt, in dieser Zeit.

Vieles fügt sich zusammen. Was zusammengehört, findet sich. Neue Wege werden plötzlich ganz klar und sichtbar.

Seht die Zeichen, die wir Euch jetzt vermehrt senden. Ihr könnt nun Eure Wege finden und Euch Eurer Heilung hingeben. Kommt zusammen und wählt Wachstum und Freude. Entwicklung und Liebe. Heilung und Licht.

Und es wird in Euch kommen und in Eure Herzen einziehen.

Und Ihr werdet wissen und Euch erinnern.

Und wir werden neben Euch sein und Euch behüten.

Seid gewiss, Ihr werdet geliebt."

Ich bin Gabriel, der Botschafter

Meditation
Transformation

Schließe die Augen und richte Deine Aufmerksamkeit auf Deinen Körper. Spüre, wie Du auf der Unterlage aufliegst oder sitzt, und erlaube es Dir, es so bequem wie möglich zu haben.

Beginne bei Deinen Füßen und Unterschenkeln. Ist dort noch irgendeine Anspannung zu spüren, so lasse jetzt los. Gehe weiter zu Deinen Oberschenkeln, Gesäß und Unterbauch. Fühle, ob Du Dich irgendwo anspannst, und lasse auch dies los. Gehe weiter zu Deinem Oberkörper und den Schultern und fühle nach, ob dort irgendeine Anspannung zu spüren ist. Ist es so, lasse los, lasse sie gehen. Und weiter zu Deinen Armen, bis in die Fingerspitzen und zu Deinem Hals und Nacken. Liege ganz locker und lasse Deine Arme mit Schultern einfach auf die Unterlage fallen. Löse alle Anspannung, die möglicherweise noch vorhanden ist. Nun richte Deine Aufmerksamkeit auf Deinen Kopf und Dein Gesicht. Sind Augenpartie und Kieferbereich gelöst und entspannt? Liegt Deine Zunge locker in Deinem Mund oder drückst Du Sie unbewusst noch gegen Deinen Gaumen? Wenn ja, löse auch diese Anspannung und lasse Deinen Körper völlig loslassen.

Visualisiere Deine Verbindung zu Mutter Erde über die Wurzeln, die von Deinen Füßen in die Erde wachsen, durch all Ihre Schichten bis zum Erdkern, und sich dort verankern. So bist Du verbunden mit der großen Mutter, die Dich trägt und nährt seit Anbeginn Deiner Zeit. Visualisiere einen hellen, leuchtenden Lichtstrahl, der durch Dein Scheitelchakra fließt, durch Deinen ganzen Körper bis über Deine Wurzeln, die Dich mit Mutter Erde verbinden, zum Erdkern. Dieses helle, reine und heilende Licht fließt durch alle Deine Organe, Blutbahnen, Zellen, Moleküle und Atome und erfüllt Dich gleichzeitig mit Energie.

Nun richte Deine Aufmerksamkeit auf Deinen Atem. Atme ca. drei Sekunden tief ein, halte den Atem fest, indem Du für ca. drei Sekunden den Atem anhältst, und atme danach durch den Mund ca. sechs Sekunden wieder aus. Dabei ist es nicht wichtig, genau dieses Zeitintervall einzuhalten. Erlaube Dir, die Atemtechnik genau auf Dein Bedürfnis anzupassen. Also atme ganz intuitiv, vielleicht ein wenig länger oder kürzer. Nimm Dir einige Momente, in denen Du diese Art des Atmens durchführst. Einatmen, den Atem anhalten und ausatmen. In Deinem Tempo, in Deinem Rhythmus, in Deiner Zeit.

Übergib Deinen Atem wieder Deinem Unterbewusstsein und lasse Dich atmen. Lasse ihn ganz unbewusst fließen. Nimm keinen weiteren Einfluss auf ihn. Beobachte einfach, was Dein Körper tut, damit Du atmen kannst, ohne dies zu bewerten, und komme so immer weiter in die Entspannung.

Gehe jetzt mit Deiner Aufmerksamkeit in Dein Herz. Zentriere Dich und begib Dich mit Deiner Konzentration in Dein Herzinneres. Dort triffst Du auf Deine goldene Herzensflamme, die immer brennt und Dich stets mit Dir selbst in Verbindung bleiben lässt. Stelle Dir nun vor, Du öffnest Dein Herz und diese wärmende Herzensflamme wird immer größer. Immer größer und größer, bis sie schließlich all Deine Energiekörper schützend umhüllt. Du bist völlig zentriert auf Dein Inneres, Deinen Kern und Deine Essenz, die aus reiner Liebe besteht. Du bist reine Liebe, so war es und so wird es immer sein. Fühle es. JETZT!

Begegne jetzt mit Hilfe des Erinnerungsvermögens Deines Herzens Deine tiefe Urverletzung. Habe Mut, denn es ist nun an der Zeit, in diesen Prozess zu gehen und die alte Wunde zu heilen. Rufe sie, sie möge sich zeigen oder fühlen lassen. Frage, mit welcher Art von Energie hast Du es zu tun? Wo in Deinem Energiefeld oder Deinem physischen Körper kannst Du sie fühlen? Mache Dich frei von jeglicher Bewertung und jeglichem Urteil. Es ist jetzt an der Zeit, Dich frei zu machen. Nimm Dir ein paar Momente, in denen Du für Dich erkennen kannst, welcher Aspekt Deines Selbst jetzt geheilt werden darf. Habe keine Angst, Du bist in Sicherheit und getragen durch die allgegenwärtige, wahrhaftige und reine Präsenz der absoluten göttlichen Ordnung.

Wenn Du nun den Punkt lokalisieren kannst, wo in Deinem Energiefeld diese Verletzung sitzt, dann stecke sie in eine Kristallkugel, entferne sie aus Deinem System und stelle Dir vor, sie in deinen Händen zu halten. Betrachte die Kugel, wie sieht sie aus? Möglicherweise hat sie innen dunkle Flecken oder Verschmutzungen?

Du hast jetzt die Möglichkeit, diese Information aus Deinem Energiesystem zu transformieren, indem Du ihr mit Liebe begegnest. Beginne nun, goldenes und violettes Licht in die Kugel fließen zu lassen. Alle dunklen Schatten oder Flecken, die im Zusammenhang stehen mit Deiner Verletzung, werden jetzt durch die goldenen und violetten Lichtstrahlen transformiert und geheilt.

Spüre die liebevolle Energie, die sich nun in Deiner Kugel verteilt und ausdehnt. Sieh, wie dieses heilende und transformierende Gold und Violett sich immer weiter ausdehnt und nun über Deine Kugel hinauswächst. Es wächst weiter und weiter. Über Deine Kugel hinaus, über Deine Energiekörper hinaus, über Deine Stadt hinaus und über diese Welt hinaus.

Spüre, dass diese Kugel nun vollständig gereinigt, geheilt und erfüllt ist mit Deiner Liebe. Sprich laut oder in Gedanken:

„Ich vergebe allen Menschen und Wesen aus all meinen Inkarnationen das, was mir durch sie angetan wurde, so wie auch ich diejenigen um Vergebung bitte, denen ich Schaden zugefügt habe. Ich vergebe mir selbst. Ich befreie mich und alle. Ich bin frei, ich bin frei, ich bin frei. Ich liebe, ich liebe, ich liebe. Danke, danke, danke."

Setze diese Kugel nun wieder dorthin zurück, wo Du sie zuvor aus Deinem System entfernt hast. Spüre noch einige Momente nach, wie es sich anfühlt, und genieße den Frieden, der sich nach einer Heilung einstellt.

Jetzt, nachdem Du Dich mit Deinem Energiesystem weit ausgedehnt hast, stelle Dir vor, dass Du anstatt Deiner Kristallkugel Mutter Erde in Deinen Händen hältst. Genauso wie Du hat sie Ihre Urverletzungen. Hülle Deine Mutter ebenso in Gold und Violett ein und stelle Dir vor, wie sie liebevoll umhüllt ebenso die Transformation erfahren darf. Schicke Ihr all Deine Liebe, jetzt und in diesem Moment. Diese Liebe, welche ein Kind seiner Mutter in absoluter Bedingungslosigkeit entgegenbringt. Lasse sie fließen von Dir zu ihr. Du bist das Kind und sie ist Deine Mutter. Umsorge ihre Narben und pflege ihre Wunden. Hülle sie ein in Gold und Violett und sieh, wie sie atmet und die Farben, die Liebe und die Transformation dankbar annimmt. Nimm Dir noch einige Momente, Deine heilige Handlung zu vollenden.

Und sprich: „Liebe Mutter, Du bist frei. Du bist frei,
Du bist frei."

Richte jetzt Deine Aufmerksamkeit wieder gezielt auf Deinen physischen Körper und lasse Deine sich ausgedehnten Energiekörper kleiner werden, bis Du wieder vollständig in Deinem physischen Körper angekommen bist. Bewege Deine Zehen, Deine Fingerspitzen und Deine Gliedmaßen. Spüre noch einmal die Verbindung mit Mutter Erde durch Deine Wurzeln und kehre zurück mit Deiner Aufmerksamkeit ins Hier und Jetzt.

Trinke nach dieser Meditation viel Wasser.

Transformationsgebet

Ich gebe acht auf meine Stille,
möchte sie nicht verlieren.
Ich tausche aus die Worte,
die einprasseln auf meinen Geist,
gegen Gewahrsein, mein Bewusstsein.
Ich tausche aus die Ängste in meinem Herzen
gegen goldene Liebesfunken, die Heilung.
Ich tausche aus alle Zweifel in meinem Selbstbild gegen Diamantschwerter, meine Stärke.
Ich transformiere die Dunkelheit in mir, in Licht.
Ein Licht, welches unbeschreiblich ist,
so hell und klar,
so kann es nur das Göttlichste sein, in mir.
Wunderbar.
Danke.

Amen

Mitgefühl

Je weiter wir auf unserer inneren Reise kommen, desto mehr stellen wir fest, dass sich unser Mitgefühl für andere steigert. Das bedeutet nicht, dass wir deswegen automatisch Empathen sind. Vielen ist der Begriff heute zur Mode geworden und jeder mag natürlich gerne ein Empath sein.

Empathie ist die Fähigkeit, Gedanken, Gefühle, Motive, Persönlichkeitsmerkmale und Rollenübernahme in ihren Bedeutungen für das Gegenüber zu erkennen, zu verstehen und sich in das Gegenüber einzufühlen. Vielleicht mache ich mir jetzt Feinde, jedoch bin ich der Meinung, dass es weniger Empathen gibt, als man gemeinhin annimmt.

Anders ist es beim Mitgefühl, welches ein Teil der Empathie darstellt. Und selbst das ist einigen Menschen fremd. Schaffen wir es, uns immer mehr an das göttliche Bewusstsein anzubinden, bleibt das Mitgefühl nicht aus.

Weil ich es in unserer Welt noch viel zu sehr vermisse, ist es mir ein besonderes Anliegen, dafür ein Gebet zu sprechen.

Dort, wo Mitgefühl Platz findet, hat Hass und Anklage keinen Raum. Du kannst leben, was Du bist, oder sein, was Du lebst.

Gebet zur Steigerung des Mitgefühls

Ich schärfe meinen Blick,
ich erhöhe meine Wahrnehmungsgabe.
Ich sehe Dein Leid,
ich spüre Deine Dämonen,
ich höre Deine Schreie,
ich nehme wahr Deine Ketten.

Sei gewiss, mein nächster Bruder
und meine nächste Schwester,
ich bin hier.
Ich bin hier, Dich zu trösten,
ich bin hier, Dich zu halten,
ich schenke Dir Glauben und Hoffnung,
ich spende Dir Freude und Licht,
ich überreiche Dir die Liebe.
Ich behüte und segne Dich.

Amen

Schutzengel

Jeder kennt Sie, wenn auch nicht persönlich. Jeder weiß von Ihnen. Man sagt: „Da hatte ich aber einen Schutzengel", wenn wir in eine brenzlige Situation geraten sind und noch mal Glück hatten und vor Schaden bewahrt geblieben sind. Wie wahr das doch ist.

Ich möchte Euch heute dazu einladen, Euren Schutzengel kennenzulernen:

Meditation
Dein Schutzengel

Sitze oder liege so entspannt wie möglich. Schließe die Augen und atme bewusst ruhig ein und aus. Spüre, an welchen Körperstellen Du auf der Unterlage sitzt oder liegst. Atme tief in den Bauch hinein.

Nun visualisiere Deine Verbindung zum Kosmos über Dein Scheitelchakra und zur Mutter Erde durch Deine Wurzeln an Deinen Füßen. Lasse ganz entspannt das Licht aus dem Kosmos durch Dich hindurchfließen und durch Deine Wurzeln bis zum Erdkern, ins Herz der Mutter Erde.

Deine Gedanken ziehen vorbei wie Blätter, die im Herbst durch den Wind davongetragen werden.

Stelle Dir vor, Du bist auf einem herrlichen Wanderweg, hinauf auf einen Berg. Der Weg bringt Dich immer höher bis an einen wunderschönen, friedlichen Platz, an dem ein Gebirgsbächlein fließt. Du lässt Dich dort nieder und genießt die Ruhe und die wärmende Sonne.

Nun rufe Deinen Schutzengel, indem Du sagst: „Ich bitte um Kontakt zu meinem Schutzengel." Wiederhole dies gerne noch einmal: „Ich bitte um Kontakt zu meinem Schutzengel."

Nimm wahr, dass plötzlich ein wunderschöner Engel vor Dir erscheint:

„Ich grüße Dich, Du liebe Seele. Meine Aufgabe ist es, Dir zur Seite zu stehen und Dich zu begleiten. Ich achte auf Dich und werde Dich stets behüten. Du bist beschützt, was immer auch kommen mag. Mein Platz ist an Deiner Seite und meine Aufgabe ist es, Deinen Weg mit Dir zu gehen. Wisse, Du bist nie allein und Du wirst Dich immer getragen fühlen."

Dein Schutzengel umfängt Dich nun liebevoll mit seinen Schwingen, und Du fühlst Dich in seinem Lichte vollkommen sicher und beschützt.

Genieße noch eine Weile das Zusammensein, das Behütetsein, eingehüllt in die Schwingen Deines Schutzengels. Du kannst gerne die Kommunikation mit ihm aufnehmen, und sicher verrät er Dir auch seinen Namen.

Bedanke Dich bei ihm und verabschiede Dich. Mache dich auf den Weg den Berg hinab, bis Du wieder an dem Waldweg bist. Du fühlst Dich wunderbar geschützt und getragen, werde Dir Deiner Wurzeln an Deinen Füßen wieder bewusst. Strecke und recke Dich und komme langsam wieder zurück ins Hier und Jetzt.

Gebet für den Schutzengel

Zu meinem Schutze bist Du zugeteilt,
solange ich auf Erden verweile.
Du bist hier zu jeder Zeit,
mir stets zu helfen.
Mich zu beschützen und zu bewahren
vor Unglück, Unfall und Gefahren.
Und wenn ich Dich auch nicht sehen kann,
Du wirst immer mit mir gehen.
Bist mir in Liebe zugetan
und stets an meiner Seite.
Ich weiß, Du jauchzt vor Freude,
wenn ich auch an Dich denke
und Dir von Zeit zu Zeit ein kleines Gebet sende:
Hab Dank, lieber Engel, dass Du über mich wachst,
jeden Tag aufs Neue und auch in der Nacht.
Danke.

Amen

Gelübde, Eide und Schwüre

Dies ist etwas, was wohl jeden von uns begleitet. Haben wir doch alle schon viele Inkarnationen gelebt. Als Mann oder als Frau, in Orden, Verbindungen, Bruderschaften. In Familien und Gemeinschaften, die bestimmten Regelungen folgten. In Gesellschaften, die religiös und/oder fanatisch orientiert waren.

Sind wir beispielsweise einem Orden zugehörig gewesen, der einfaches Leben voller Verzicht gewählt hat, haben wir möglicherweise ein Armutsgelübde abgelegt. Haben wir einer kriegerischen Verbindung gedient, haben wir vielleicht geschworen, jene Gegner, gegen welche wir gekämpft haben, immer und ewig zu verfolgen, ohne Gnade.

Es gibt derer Beispiele unendlich, so kennen wir Armutsgelübde, Schwüre, zu leiden oder Leid zu übernehmen, Eide, um uns an etwas oder jemanden zu binden, usw. Aber wir brauchen nicht zwingend eine Gruppe, damit wir für uns schadende Vereinbarungen treffen können. Wir schaffen das auch ganz alleine. Ich z. B. habe einmal vor langer Zeit einen Eid geleistet, Mutter Erde das Leid abzunehmen. Ich glaubte wohl, sie hätte schon zu viel Blut aufgesogen und Leid erlebt.

Was wir einmal geschworen haben, kann uns durchaus in unseren späteren Inkarnationen anhängen. Wenn Du mit nachfolgendem Gebet in Resonanz gehst, wenn es etwas in Dir berührt, so empfehle ich, damit zu arbeiten. Nimm Dir ein paar Tage, an denen Du dieses Gebet mehrmals sprichst. Du wirst wissen, wann es gut ist und Du es nicht mehr brauchst.

Gebet zur Ablöse von Eiden, Gelübden und Schwüren

Im Namen des ewigen Lichtes,
im Namen der ewigen Liebe,
im Namen meines göttlichen Seins
löse ich alle Versprechungen,
Ketten der Gelübde,
Fesseln der Schwüre
und alle Bindungen an Eide,
die ich in diesem und allen vergangenen Leben
geleistet habe.
Ich spreche mich frei von jenen Knechtschaften,
welche ich mir je zugesagt und angedacht habe. JETZT
Ich bin. Ich liebe.
Danke.

Amen

Gebet für die Freiheit

Wissend, dass meine Freiheit
nur in mir zu finden ist,
breite ich meine Flügel der Erkenntnis aus
und sie tragen mich durch die Welten.
Wissend, dass ich überall frei bin,
gleite in meinen Frieden.
Ewig währende Freiheit
im Innen wie im Außen.
Alle Grenzen und Ketten gelöst,
geheiltes Herz weit geöffnet
für meine Wahrheit,
für meine Schönheit,
für meinen Mut.
So bin ich frei
und kann einlassen die Liebe.
Auf ewig dankbar.

Amen

Meditation
Lichtmeditation

Mache es Dir so bequem wie möglich und atme ganz entspannt ein und aus. Visualisiere Deine Wurzeln, die von Deinen Füßen in die Mutter Erde wachsen, Deinen festen Anker, der Dich mit dem Hier und Jetzt verbindet. Die Verbindung zu Deiner Mutter, die Dich trägt und nährt, seit Du hier bist.

Gehe immer weiter in die Entspannung und lasse Gedanken, die kommen, einfach weiterziehen. Fühle, wie Deine Muskeln an Deinem ganzen Körper die Anspannung lösen und Du vollkommen entspannen kannst, weil Du weißt, dass jetzt, genau dieser Moment, diese Zeit, nur Dir gehört.

Visualisiere jetzt Deine Energiezentren vor Deinem inneren Auge. Stelle Dir vor, sie sind wunderbare Kristalle, und beginne mit Deiner Aufmerksamkeit bei Deinem Wurzelchakra, das jetzt als wunderschöner, rubinroter Kristall vor Dir sichtbar wird. Nimm einen tiefen Atemzug und stelle Dir vor, bei einem kräftigen Ausatmen durch den Mund all das abzugeben, was jetzt gehen darf. Danach sprich: „Ich segne mein 1. Energiezentrum." Nimm wahr, wie der rubinrote Kristall zu funkeln beginnt und erstrahlt.

Wende nun Deine Achtsamkeit Deinem Sakralchakra zu, das in einem wärmenden Orange erscheint. Atme tief ein, und durch den Mund entlässt Du mit Deinem Atem alles, was Dir jetzt nicht mehr dienlich ist. Sprich: „Ich segne mein 2. Energiezentrum." Sieh, wie dieser orange Kristall jetzt strahlt.

Und weiter geht es zu Deinem Solarplexus, welches als sonnengelber Kristall sichtbar wird. Wieder atmest Du tief ein, und schicke durch den Mund mit einem festen Atemstoß alles weg, was Du bis jetzt als Ballast mit Dir herumgetragen hast. Sprich erneut: „Ich segne mein 3. Energiezentrum." Erkenne, wie dieser sonnengelbe Kristall jetzt leuchtet.

Deine Aufmerksamkeit wandert weiter zu Deinem Herzchakra. Hier siehst Du einen smaragdgrünen Kristall, den Du mit einem tiefen Atemzug reinigst. Sage: „Ich segne mein 4. Energiezentrum." Du siehst, wie der smaragdgrüne Kristall vollkommen rein und funkelnd ist.

Gehe nun zu Deinem Halschakra, das sich in einem hellen Blau zeigt. Atme tief ein und entlasse mit einem kräftigen Ausatmen alles, was Dich hindert, Deine Wahrheit auszusprechen. „Ich segne mein 5. Energiezentrum." Sieh, wie dieser hellblaue Kristall wundervoll zu strahlen beginnt.

Jetzt ist Deine Aufmerksamkeit bei Deinem dritten Auge, das in einem Indigoblau erstrahlt. Atme tief ein und schicke alles, was Dich daran hindert, mit Deinem dritten Auge wahrzunehmen, in die Unendlichkeit. Sprich Deinen Segen: „Ich segne mein 6. Energiezentrum." Sieh, wie dieser wundervolle Kristall in einem tiefen Blau vor Dir funkelt.

Nun bist Du mit Deiner Achtsamkeit bei Deinem Kronenchakra angelangt. Nimm auch hier einen Kristall wahr, der in violetten Facetten erscheint. Atme ein letztes Mal tief ein und entlasse alles, was Dir jetzt nicht mehr dienlich ist, alle Selbstzweifel in Bezug auf die Nutzung Deiner spirituellen Fähigkeiten. Segne auch dieses Chakra, indem Du sagst: „Ich segne mein 7. Energiezentrum."

Visualisiere auch Deine Hand- und Fußchakren als kleine transparente Kristalle in Deinen Händen und auf Deinen Füßen liegend. Außerdem einen großen Kristall etwa einen Meter unter Deinen Füßen und einen Kristall als Dein Höheres Selbst ca. einen Meter über Deinem Kopf.

Stelle Dir vor, wie Du einen großen Sprung machst. Du stößt Dich ab von der Erde, überwindest die Erdanziehung und steigst immer weiter nach oben, bis Du schließlich im Weltall ankommst. Bis Du nur noch umgeben bist von der unendlichen Weite, inmitten der Sterne. Hier kannst Du Dich der Schwerelosigkeit hingeben und ohne etwas bewusst tun zu müssen, dort verweilen. Eine nie wahrgenommene Stille ergreift Dich und heißt Dich willkommen.

Nimm wahr, wie sich nun ein großes Lichtportal über Deinem Kopf entfaltet. Dieses Lichttor stellen Dir die Plejader für Deine Anbindung an das große Bewusstsein heute zur Verfügung. Eine große Lichtscheibe zeigt sich strahlend, in einem wunderbaren kristallinen Blau. Aus der Mitte dieses Lichttores trifft Dich ein Strahl reinster, lichtester Energie und füllt Dich vollkommen auf.

Nimm nun wahr, wie deine leuchtende, kristalline Seelenflamme in der Mitte Deiner Brust, an Deinem Brustbein, zu leuchten beginnt. Sieh, wie sich diese kristalline Flamme immer mehr ausbreitet und alle Deine Energiekörper und Deine Chakrenkristalle umhüllt. Gleichzeitig dehnst Du Dich immer weiter aus. Deine Lichtenergie reicht immer weiter und Deine Energiekörper dehnen sich immer weiter aus in die Unendlichkeit.

Dein physischer Körper ist jetzt weder sichtbar noch spürbar und das kristalline, blaue Licht aus dem Lichttor verbindet sich mit Deinem Seelenlicht und Du spürst, dass Du nur noch aus funkelndem, kristallenem Licht bestehst. Du bist nichts als Licht. Nimm dir Zeit, um diese wertvolle, lichtvolle Verbindung zu genießen.

Verstärke die Verbindung, indem Du sagst: „Ich bin Licht, ich bin Licht, ich bin Licht.“ Visualisiere, wie ein Lichtstrahl von deinem Seelenlicht gezielt nach oben steigt, bis in die Mitte Deines Kopfes, bis zu Deiner Zirbeldrüse. Stelle Dir auch vor, wie ein Lichtstrahl aus dem Lichtportal, aus dem großen Bewusstsein ebenso in die Mitte Deines Kopfes bis zu Deiner Zirbeldrüse dringt, sich mit deinem Seelenlicht verbindet und sie nun von allen Verkalkungen befreit, mit Licht auffüllt, aktiviert und Deine Verbindung zur großen Quelle verstärkt.

Nimm Dir einige Momente, um dies kraftvoll zu visualisieren.

Nun ist es an der Zeit, wieder zurückzukehren ins Hier und Jetzt. Das Lichtportal wird geschlossen und Du trittst Deine Rückreise an. Visualisiere Deine Wurzeln, Deine Verbindung zu Mutter Erde und nimm wahr, wie sie Dich wieder zur Erde, zu sich, zurückziehen. Dabei werden Deine Energiekörper kleiner und kleiner und Du spürst jetzt Deinen physischen Körper wieder. Dein Seelenlicht bleibt strahlend, so wie es schon immer war und immer sein wird.

Du kommst an im Hier und Jetzt, bewegst Deine Gliedmaßen, streckst und reckst Dich und öffnest schließlich die Augen. Alles in Deinem Tempo, in Deiner Zeit.

Anmerkung

Wenn Du eine Schwere verspürst, Dir vielleicht Arme und Beine etwas wehtun, dann ist das nichts Schlimmes. Es zeigt nur, dass Du eine außerkörperliche Erfahrung gemacht hast und dass Du das Zurückkommen aus der Feinstofflichkeit, in die grobstoffliche Begrenzung Deines Körpers, spürst. Diese „Symptome" vergehen jedoch innerhalb von ein paar Minuten.

Schutz

Schutz ist ein großes Thema. Lasse Dir keine Angst machen, wir wären ständig irgendwelchen Angriffen ausgesetzt. Ja, es gibt sie, die negativen Energien, die Besetzungen, die Anhaftungen. Und zwar öfter, als wir denken. Doch ist nicht immer gleich der Teufel im Spiel, wenn ich das einmal so überspitzt ausdrücken darf. Es genügt, wenn man beispielsweise mit einem Menschen in einem Raum ist, der wütend ist und nur negativ spricht. Schon kann es sein, dass wir diese Negativität mit nach Hause nehmen und plötzlich mit unserem Partner Streit anfangen. Dann hat sich diese streithafte Energie dieses Menschen an uns geheftet.

Menschen, die eine Besetzung erfahren, geben immer Ihr Einverständnis dazu. Ich glaube, und das zeigt einfach meine Selbsterfahrung, je weniger ich in diese Gedankenstrukturen verfalle, umso weniger ist es ein Thema. Setze ich mich in meinen Gedanken ständig damit auseinander, dass ich aufpassen muss, nicht angegriffen zu werden, laufe ich Gefahr, genau das anzuziehen.

Doch um „sauber“ spirituell zu arbeiten, sollten wir auch auf unseren Schutz achten. Wenn ich nachts Besuch bekomme von Energien oder Verstorbenen, jedoch zu müde bin, um mich damit auseinanderzusetzen, bitte ich schon mal die Engel, mich abzuschirmen, damit ich schlafen kann.

Je mehr Du an Dir arbeitest, je intensiver Du mit der geistigen Welt verbunden bist, umso höher wird Deine Schwingung. Gebete, Meditationen, Affirmationen usw. erhöhen Deine Schwingung und Deine Resonanzfähigkeit. Und je höher Deine Schwingung ist, desto weniger ist es für Fremdenergien möglich, an Dir anzudocken.

Ich möchte Dir hier ein Schutzgebet an die Hand geben, damit Du Dich in solchen Situationen, in welchen Du etwas Negatives wahrnimmst, schützen kannst.

Schutzgebet

Lieber Erzengel Michael,
voller Dank bin ich,
denn ich weiß,
Du bist bei mir.
Deine Schwingen umarmen mich
und Dein blaues Licht umhüllt mich.
So bin ich geschützt auf allen Ebenen.
Nichts kann meinen lichtvollen Ausdruck angreifen
und nichts kann in mein System eingreifen.
Und nichts muss ich fürchten,
denn Du bist bei mir.
Danke, Danke, Danke.

Amen

Segnungsgebet

Ich segne meinen Weg,
denn er bringt mir Glückseligkeit.
Ich segne meine Tränen,
denn sie sind meine Zeugen.
Ich segne meinen Körper,
denn er ist mein Lebenshaus.
Ich segne meine Stimme,
denn sie schenkt mir Selbstbestimmung.
Ich segne mein Lachen,
denn es lässt mein Herz tanzen.
Ich segne meinen Atem,
denn er zeigt mir meine Lebendigkeit.
Ich segne meine Kraft, denn sie schenkt mir Ausdauer.
Ich segne meine Augen, denn mit Ihnen sehe ich die Wunder.
Ich segne meine Träume,
denn sie verleihen mir Motivation.
Ich segne meinen Frieden,
denn er lässt mich friedvoll sein.
Ich segne meine Wärme,
denn sie wärmt meinen Nächsten.
Ich segne meine Ängste,
denn sie sind meine besten Lehrmeister.
Ich segne meine Worte,
denn sie verschaffen mir Ausdruck.
Ich segne mein Herz,
denn dessen Größe kann unermesslich sein.
Ich segne meine Seele,
denn sie ist das Schönste, das ich je zu sehen vermag.
Und ich segne meine Liebe,
die zu beschreiben mit Worten unmöglich ist.

Amen

Dankbarkeit

Ich möchte ein paar Worte über Dankbarkeit sagen, weil Dankbarsein zu unserem täglichen Leben gehören sollte wie Essen und Trinken. Zu erkennen, was jeder Einzelne von uns hat und wie gesegnet wir sind, und sich dafür bedanken zu können, schafft ein Gefühl der Zufriedenheit. Und wir lernen dabei, dass das, was wir haben, so viel sein kann und das, wonach wir noch trachten, materielle Dinge, wie z. B. den neuesten BMW oder das aktuellste Smartphone, tatsächlich unwichtig ist.

Dankbar zu sein für das, was wir haben, bedeutet, nicht Besitz anzuhängen, sondern zu erkennen, wie reich wir tatsächlich sind, an z. B. der Liebe oder der Gesundheit der Familie. Dass wir lieben dürfen und geliebt werden. Das sind immaterielle Güter, die mit keinem Geld der Welt aufzuwiegen sind, nicht wahr?

Wir können uns auch bedanken für die Dinge, die wir noch in unser Leben ziehen möchten. Denn, wann bedanken wir uns? Wenn wir etwas empfangen haben. So ist Dankbarkeit die höchste Quelle des Empfangens, und wenn wir dann noch in das Gefühl gehen, es bereits erhalten zu haben, ziehen wir es an.

Dies ist das Gesetz der Anziehungskraft.

Dankesgebet

Göttliche Intelligenz,
in diesem Moment,
richte ich meinen Dank an Dich.
Ich fühle diese unglaubliche Dankbarkeit
für Deine Führung,
für Deine Hilfe,
für Deine Unterstützung
in all meinen Lebensbereichen.
Ich danke Dir und all Deinen Helfern,
die Du mir schickst
auf mein Rufen.
Engel und Wesenheiten voller Licht und Liebe.
Meister und Präsenzen, nicht von dieser Welt,
in Ihrer unfassbaren Weisheit
unterstützen sie mich.
Danke für alles, was möglich war,
ist und sein wird.
Danke für alles,
was ich noch jemals erfahren darf.

Amen

Dank an Deinen Körper

Du Lebenshaus,
ich danke Dir.
Du bist mir Hülle, Tempel
und Heimat.
Ich danke Dir dafür,
dass ich in Dir wohnen darf.
In Dankbarkeit lächle ich
alle meine Organe an.
Ich sage Dank
allen meinen Nervensträngen
und Blutbahnen.
Ich bin dankbar für mein Blut,
meine Muskeln, Sehnen und Bänder.
Danke meinen Augen, Ohren
und meiner Nase
für all die wunderbaren Wahrnehmungen.
Und schließlich habt Dank,
meine Zellen, die Ihr meine
Erinnerungen tragt.
Welch Wunderwerk bist Du,
mein Tempel.
Danke, Danke, Danke.

Amen

Die Erde

Die Natur in ihrer Schönheit
lässt so manches Mal Ehrfurcht
in unsere Herzen einziehen.
Das sind die Momente,
in denen sie uns lehrt,
das Göttliche in allem zu sehen.

Wie auch wir Menschen befinden sich die Tiere, die Pflanzen, die Erde und somit das gesamte Universum im Wandel. So, wie wenn wir einen Stein in die Mitte eines Sees werfen und sich die Wellen ausbreiten, weiter und weiter.

Sicher bist Du meiner Meinung, dass sich auch alles wandeln muss. Wir können einfach nicht mehr so weitermachen mit der Ausbeutung der Natur und anderer Wesen. Aus diesem Grunde möchte ich auch der Erde mit ihrer Vielfalt an Tieren und Pflanzen hier Raum geben.

Ich freue mich, dass ich dazu Franz von Assisi an meiner Seite habe, der eine besondere Verbindung zu Tieren und der Natur hatte. Er konnte mit Tieren sprechen und hielt einmal, das ist bekannt, einem Schwarm Vögel eine Predigt. Heute gilt er ganz zu Recht als der Schutzpatron der Tiere.

Wie auch wir spüren die Tiere, allen voran unsere lieben Haustiere, die für uns nicht selten Familienmitglieder sind, die Veränderungen der Welt. Wenn wir traurig sind, kommen sie, um uns zu trösten. Auch wenn sie nichts tun, ist ihre Anwesenheit Beruhigung, Schutz, Sicherheit oder Hilfe. Nicht umsonst wird ihre heilende Kraft für therapeutische Zwecke genutzt. Mit Kindern, Behinderten oder alten Menschen.

Mich macht es traurig, dass sie vom Gesetz her als Sache eingestuft sind. Um Himmels willen, wie kann man ein Wesen, das eine Seele hat, nur so bezeichnen. Auch dies sollte durch den Wandel in der Welt abgeschafft werden.

In meiner Arbeit als Medium habe ich schon oft verstorbene Tiere in der Sitzung gehabt, welche für ihr früheres Herrchen oder Frauchen eine Botschaft übermittelten. Gerade wenn wir die Tiere mit der Möglichkeit der tierärztlichen Medizin erlösen, quält der Gedanke, ob wir richtig entschieden haben. Genauso wie unsere menschlichen Angehörigen sind sie auch nach dem Tode um uns und mit uns. Ich kann mich erinnern, als mein lieber Kater gestorben ist, kam er noch zwei Nächte zu mir ins Bett. Ich konnte deutlich spüren, wie er am Bettende hochsprang, neben mir hochlief und sich neben meinen Kopf niederlegte. Genau so, wie er es zu Lebzeiten eben auch gemacht hat.

Bei indigenen Völkern ist der Glaube, dass alles beseelt ist, sogar die Steine, fest verankert. Und wenn wir die Augen öffnen und mit offenem Herzen in die Natur gehen, können wir uns mit allem verbinden, Kontakt aufnehmen und sie spüren. Die Pflanzen, Bäume, Tiere und Naturwesen.

Die Natur atmet mit uns.
Sie nimmt uns liebevoll in den Arm.
Eine heilsamere Umarmung kann es kaum geben.

Gebet zur Heilung von Mutter Erde

Liebe, große Mutter,
du trägst mich schon alle Zeit.
Du nährst mich seit Anbeginn.
Mein Herz öffnet sich
und meine Liebe umhüllt Dich.
Ich sende Dir mein Licht,
dass es Dir Heilung schenkt.
Ich achte auf meine Schritte
und gehe in Deinem Rhythmus.
Hast uns so viel gegeben
und nimmst uns so viel ab.
Was anderes kann ich tun,
als um Deine Heilung zu beten,
mein Leben zu Deinem Wohle zu richten
und Deine Gaben zu ehren.
So mögen mein Licht und meine Liebe
ein Teil Deiner Heilung werden.
Du große Mutter aller Zeit,
werd heil.
Ich danke Dir für alles.

Amen

Meditation
Heilung für Mutter Erde

Mache es Dir wie gewohnt ganz bequem und kuschelig. Schließe Deine Augen und atme natürlich und fließend. Heute wollen wir unseren Beitrag zur Heilung von Mutter Erde leisten. Dazu stelle Dir vor, wie Du mit der Erde verbunden bist über Deine Wurzeln, die aus Deinen Fußsohlen wachsen. Durch alle Schichten des Erdreichs bis hinunter zum Erdkern. Spüre, wie fest Du mit Mutter Erde verbunden bist.

Visualisiere, wie Du am Rande der Erdkugel stehst. Deine Wurzeln geben Dir festen Halt. Du kannst nicht im All verloren gehen oder abstürzen.

Unter Deinen Füßen kannst Du die gesamte Erde mit einem Blick überschauen und erkennst die atemberaubende Vielfalt der Arten und Farben.

Nun laden wir Licht aus dem großen Ganzen, dem Universum, ein, einen heilenden Schutzmantel um unsere Mutter zu legen. Heilendes, weiß-goldenes Licht umhüllt sie nun vollkommen.

Dieses Licht bietet nicht nur eine Schutzhülle für die Erdkugel, sondern fließt auch in jedes Land und jedes Gewässer. Es strömt durch Flüsse und Ozeane und heilt das Wasser, reinigt es und füllt es auf mit lichtvoller Energie und verbessert die Qualität der Wasserkristalle.

Alle Wesen, die in diesen Gewässern leben, profitieren davon, denn sie können sich genauso in diesem Licht regenerieren. Sämtliche Verunreinigungen, Müll und Verschmutzungen werden in dem Licht transformiert und aufgelöst.

Nun stelle Dir jetzt vor, wie das Licht durch das Land fegt. Es reinigt und heilt verseuchte Böden, vergiftete Wiesen, kranke

Wälder, verschmutzte Luft. Welch ein Reinigungs- und Heilungsprozess!

Es ist, als ob ein Sturm über die Erde fegt und alles mitreißt, was ihr schadet. Auch hier profitieren alle Wesen, die auf der Erde leben. Sie können sich mit diesem Licht aufladen. Menschen, Tiere, Pflanzen und die Steine. Gerade so, als ob alles plötzlich aufatmen würde.

Um diesen Heilungsprozess noch zu steigern, imaginiere, wie aus Deinem Herzen Liebe strömt. Die Liebe für die wunderbare Erde, das Land, Wasser und alle Bewohner unseres Planeten. Nimm Dir wirklich Zeit, all das zu visualisieren, es fließen zu lassen.

Du wirst wissen, wann es genug ist und Du ganz in Deinem Tempo wieder im Hier und Jetzt, in Deinem Raum, Deinem Zuhause ankommen kannst.

Effektiver ist diese Meditation, ich möchte fast sagen Heilsitzung für die Erde natürlich, wenn sich mehrere Menschen gleichzeitig zusammentun. Du denkst vielleicht, Du allein kannst nicht viel ausrichten, aber das stimmt nicht.

Um Dich vom Gegenteil zu überzeugen, kannst Du eine ganz einfache Übung machen, z. B. im Kreis von ein paar Freunden. Nehmt zwei Glas Wasser und stellt sie auf zwei Zettel. Auf den ersten schreibst Du das Wort „Liebe“ und auf den zweiten das Wort „Hass“. Warte zehn Minuten, bis die Information in den Wasserkristallen ankommt, und dann nehmt einen Schluck aus beiden Gläsern. Die anderen sollten die Zettel nicht sehen und erraten, welches Wasser auf welchem Zettel steht.

Du wirst überrascht sein, wie unterschiedlich das Wasser schmeckt. Kannst Du Dir also vorstellen, wie es wäre, wenn viele Menschen diese Meditation machen würden? Zum Glück gibt es weltweit immer wieder Projekte, die sich die Heilung des Wassers und der Erde zum Ziel gemacht haben und die immer wieder zu solchen Erdheilungen aufrufen.

Dank an Mutter Erde

Liebe, große Mutter,
ich danke Dir,
dass Du mich trägst, seit ich auf Dir wandle.
Ich danke Dir,
dass Du mich nährst,
mir Deine Gaben schenkst
zum Wohle meines Körpers.
Ich danke Dir,
dass Du mich Deine Wunder erblicken lässt
zum Wohle meiner Seele.
Ich danke Dir,
dass Du mir Begegnungen schickst
zur Heilung meines Herzens.
Ich danke Dir,
für Dein Sein.
Danke.

Amen

Gebet zum Schutz unserer Tiere und Pflanzen

Ich grüße alles, was beseelt,
alles, was lebendig,
alles, was im Netz der Liebe gedeiht,
im gesamten Universum.
Im Wissen, dass alle göttlichen Kräfte
zu meiner Seite stehen,
um Euch heute Schutz auszusprechen.
Für die wundervollen Tiere,
für die zauberhaften Pflanzen,
für die weisen Steine,
für alle Naturwesen,
ich umfange Euch mit meinem Licht.
Seid beschützt,
seid behütet,
seid gesegnet.
Das Licht der Engel und das meinige
sollen Euch umarmen
und jede Eurer Ebenen schützen.
Danke für Euer Sein.

Amen

Gebet zum Schutz von Haustieren

Liebes Wesen an meiner Seite,
Du treue Seele,
hab keine Angst.
Zusammen können wir überwinden,
was uns beschwert.
So wie Du mir gibst
Deine Liebe,
Deine Aufmerksamkeit,
Deine Bruderschaft,
so gebe ich Dir heute
meine Liebe,
meine Bruderschaft
und meine Fürsorge.
Ich schütze Dich in unserem Alltag
und ich sende Dir energetischen Schutz.
Ich bilde eine Schutzhaube um Dich,
auf dass Du allezeit unberührt bleibst
von Negativem aus dieser Welt.
Du bist bei mir und ich hüte Dich.
Dies ist mein Versprechen.

Amen

Gebet für alle Tiere

Haltet durch,
liebe Seelen.
Ich bete für Euch,
fest im Glauben an den Wandel.
Für Euch alle,
die verfolgt,
die gejagt,
die gequält,
die benutzt,
die ausgenutzt,
die bedroht,
die gemästet sind.
Ich bitte Euch um Vergebung
für alles, was Euch getan,
und mit der Engel Hilfe
halte ich meine schützende Hand über Euch.
Ich bete für Euch,
fest im Glauben an den Wandel,
mit meiner Herzensliebe
für das Ende Eurer Qual.
Dankbar für alles, was ihr uns gabt.

Amen

Gebet für die Pflanzen und Steine

Eure Stille ist unser Wohl.
Ihr seid wahrlich Weise,
für die Zeit keine Bedeutung hat.
Ich spreche heut für Euch,
denn in der Stille höre ich Euch flüstern,
ja manchmal sogar schreien.
Ich segne Eure Vielfalt
und liebe Eure Güte.
Heute gebe ich etwas zurück,
ich spreche heut für Euch.
Möget ihr gedeihen und wachsen,
Euch vermehren und erblühen,
geschützt, gehalten, umsorgt.
Ich erkenne Euch an
als Wesen dieser Welt.
Ihr nährt, ihr heilt,
oh wie dankbar bin ich,
dass es Euch gibt,
und wie gesegnet,
dank Eurer Gaben.

Amen

Gebet für Wasser

Das Gold der Erde,
das bist Du wohl.
Ohne Dich kann ich nicht sein.
Ehre gebührt Dir
und alle Achtung dieser Welt.
Ich bete für Dein Sein,
Dein Fließen,
Dein Strömen.
Möge es rein sein,
kristallklar und gesund.
Oh heile, Wasser der Erde,
die Flüsse und die Seen,
die Bäche und die Ozeane.
Ich bete für Dich,
schicke Dir Heilung
und ströme mein Licht
in alle Deine Wasserkristalle.
Ich fülle Dich auf mit
heilsamer Liebe.
Du hältst uns am Leben,
doch streichelst mit deinem Geplätscher
wohl unsere Seelen.
Ich danke Dir.

Amen

Das aramäische Vaterunser

Ein Gebet ist Zwiesprache mit dem Göttlichen

Das aramäische „Vaterunser" hat vor etwa 8 Jahren zu mir gefunden. Ich war sofort fasziniert, als ich davon erfuhr, und im selben Augenblick war es klar, dass ich es lernen wollte. Aramäisch, die Sprache, die Jesus Christus gesprochen hat, und das Gebet der Gebete, welches von ihm kam, das er uns gegeben hat.

Ich fing also an, das Gebet auf Aramäisch zu lernen, und durfte dabei erkennen, dass es mit der deutschen Übersetzung, die gemeinhin bekannt war, nicht viel gemeinsam hatte.

Abgesehen davon, dass die Sprache für mich wie Musik klingt – das mag wohl auch an meiner arabischen Abstammung väterlicherseits liegen –, liegt eine unglaubliche Kraft in diesen fremdklingenden Wörtern. Wenn ich das Gebet für andere bete, geschieht es immer wieder, dass die Menschen zutiefst berührt sind, und manche Träne läuft über die Wangen.

Kurz gesagt, ich kenne kein kraftvolleres und authentischeres Gebet als dieses aramäische „Vaterunser". Ich bete es oft, ich singe es auch. Es ist, als ob ich mit dem Universum atme, alleine wenn ich die erste Zeile spreche oder singe. Ein und aus …

Leider kann ich das Gebet in Aramäisch in einem Buch nicht wiedergeben. Wenn Du es jedoch einmal hören möchtest, gibt es genug Videos auf YouTube, in die Du reinhören kannst.

Da die aramäische Sprache auch eine sehr symbolhafte Sprache ist, ähnlich der Sprache der amerikanischen Ureinwohner, einfach weil sie eine sehr alte Sprache ist, gibt es viele deutsche Übersetzungen davon. Diese Übersetzungen sind sehr schön, aber ich wollte gerne eine deutsche Übersetzung schaffen, die aus meinem Inneren herauskommen sollte. So, wie es meiner Wahrheit entspricht. Ich habe deshalb keinen geringeren als Jesus Christus selbst darum gebeten, mir dabei zu helfen.

Hier also meine deutsche Interpretation, mit der Unterstützung von Jesus Christus, des aramäischen „Vaterunsers", dem Gebet der Gebete:

Das aramäische Gebet

Geliebter Vater-Gott,
geliebte Mutter-Göttin,
Du göttlichste Intelligenz.
Heilig sind Dein Name und Dein Königreich
in allen Welten.
Ich bin der Ausdruck Deines göttlichen Gedankens
und ein Teil Deines Bewusstseins.
Lass mich täglich meiner Seele Nahrung finden
und mich stets dem Lichte ausgerichtet sein.
Leite mich, zu vergeben
und meine Bänder zu lösen,
die mich mit Scham und Schuld
sowie auch mit der Schuld anderer verbinden.
Denn Du bist die Heimat allen Seins.
Dein Königreich ist in mir
auf ewig.

Amen

Kinder

So unschuldig und rein,
wie nahe an Gott müssen sie sein.

Ich möchte den Kindern ein eigenes Kapitel widmen. Das, was in der Welt im Moment mit den Kindern geschieht, wird noch lange Spuren hinterlassen.

Kinder, so sagt man, sind unsere Schutzbefohlenen. Doch sieht es im Moment nicht danach aus, als ob wir ihre Hüter sind. Ich durfte die indianische Spiritualität kennenlernen durch Reisen, indianische Freunde, insbesondere die Spiritualität und auch die Sprache der Lakota Indianer. Sie gehören zur Stammesfamilie der Sioux und ihr Wort für Kinder heißt: „Wakansheza" (sprich Wakanhetscha). Dies bedeutet wörtlich übersetzt „heilige Wesen".

Ist nicht der Grundgedanke der Naturvölker, mit der Erde im Einklang zu leben und das Geben und Nehmen in der Waage zu halten, nicht das, wohin wir zurückkehren sollten?

Leben statt Hamsterrad. Zeit mit unseren Lieben zu verbringen, und zwar in absoluter Präsenz statt die einen in Kindertagesstätten und die anderen in Altersheime zu verfrachten. Ein respektvoller Umgang mit den Ressourcen unserer Erde statt Ausbeutung über alle Maßen usw. Die Ältesten der Naturvölker sagen nicht umsonst: „Ihr müsst zurück. Zurück zu den alten Werten und Lebensweisen."

Ich möchte hier nicht erwähnen, welche Abscheulichkeiten Kinder in unserer Welt erfahren müssen, das wissen wir. Doch jetzt, in dieser Zeit, sollten wir darauf achten, dass das, was gerade mit ihnen geschieht, sich nicht zu einem seelischen Genozid entwickelt.

Deshalb ist es mir wichtig, speziell für unsere „heiligen Wesen" Gebete niederzuschreiben. Und selbst wenn Du keine Kinder hast, so magst Du vielleicht auch ab und zu ein solches Gebet sprechen.

Schutzgebet für Kinder

Rein und unschuldig bist Du.
Ich rufe Deinen kleinen Schutzengel,
ich rufe Erzengel Michael.
Mögen ihrer beider Schwingen
Dich umfangen.
Fernhalten das Negative,
Dich schützen und behüten.
Dein kleines Herz,
so zart,
einhüllen in goldenes Licht.
Stets behütet
und alle Ebenen geschützt.
So kannst Du Dich entfalten,
ganz in Deinem Sein.

Amen

Gebet zur Unterstützung psychisch kranker Kinder

Kinderaugen ohne Funkeln
tut im Herzen weh.
Ich rufe alle Engel,
lichtvolle Wesen,
der Liebe angeschlossen.
Nehmt dieses kleine Wesen
in Eurer Mitte auf.
Helft das Herz zu heilen,
unterstützt den Weg zu finden,
zum reichen, bunten Leben,
voll Freude und voll Glück.
Es möge seine Kraft entdecken,
seine Gaben leben,
seine Liebe teilen
und stets erkennen,
wie großartig es ist.
Danke.

Amen

Gemeinsam mit Kindern beten

Liebe göttliche Macht,
ich weiß, Du bist mir wohlgetan.
Ich weiß, ich kann nicht falsch handeln
und es ist gut, so wie ich bin.
Ich darf Kind sein und lachen,
darf schreien und toben,
alles ist in Ordnung mit mir.
Ich kann niemand verletzen,
ich schenke all meine Liebe
meiner Familie
und den Lieben, die mit uns sind.
Ich weiß, Du göttliche Macht
wirst uns beschützen und wachst über uns.
Wir sind sicher und geborgen
in unserer Liebe füreinander
für alle Zeit.
Danke.

Amen

Gebet, um ängstliche Kinder zu stärken

Von der stärksten Macht umgeben,
der Liebe selbst,
bin ich Hüter und Begleiter,
Umsorger und Kraft
an Deiner Kindes Seite.
Lass mich ein Wegweiser sein,
heraus aus einem dunklen Feld.
Ich zeige Dir das Licht
und nehm Dich mit,
Dich zu lehren,
fürchte Dich nicht.
Nimm meine Hand und wisse,
ich bin da für Dich und Stütze.
So gehen wir gemeinsam,
befreit von Angst,
heraus aus dem Dunkel ins Licht.
Ich lerne Dir Lachen,
ich zeige Dir Freude,
ich teile meine Liebe.
So kannst Du wachsen und erkennen,
Du bist die Chance für die Welt,
ein Geschenk für diese Erde.

Amen

Gebet zur Ausrichtung auf eine positive Zukunft für Jugendliche

Ich blicke voraus,
kann meine Zukunft erhaschen
mit einem kleinen Blick.
Von tiefem Glauben will ich sein,
dass ich schaffe, was ich will.
Kann fühlen,
die Kraft von hundert Bäumen,
die mich stützen,
damit die Welt mich nicht zerbricht.
Meine gute Zukunft,
ein erfülltes Leben
voller Sinn und Liebe,
reich an Glück und gerecht.
So richte ich mich aus,
ohne zu wissen, wohin,
doch meinen Weg bereits im Blick.
Jetzt lauf ich schon los
und schaue nicht zurück.
Danke.

Amen

Kinder sind von Grund auf tierlieb. Deshalb habe ich hier eine kleine Meditation zusammengestellt, in der es darum geht, Geschenke von Tieren zu erhalten. Diese Gaben sollen die Kinder stärken, und ich denke, sie können sich das sehr gut vorstellen, sind sie doch zumeist noch mehr mit der geistigen Welt verbunden als wir Erwachsene.

Meditation
Der Rat der ältesten Tiere

Schließe die Augen und konzentriere Dich auf Deinen Atem. Lasse ihn ganz natürlich fließen. Nimm keinen Einfluss auf ihn. Beobachte einfach, was Dein Körper tut, damit Du atmen kannst. Spüre, wie Du auf der Unterlage liegst oder sitzt, und mach es Dir so bequem wie möglich.

Stelle Dir vor, wie ein heller, leuchtender Lichtstrahl aus dem Universum auf Deinen Kopf trifft und durch Deinen ganzen Körper fließt. Visualisiere, dass Du Wurzeln hast an Deinen Füßchen, die weit in die Erde wachsen. Du bist ein Kind der Erde, und die Wurzeln sind deine Verbindung mit dieser großen Mutter. Das Licht fließt also über Deinen Kopf, durch Deinen ganzen Körper und über Deine Wurzeln in die Erde ab. So bist Du jetzt verbunden mit dem Kosmos und Mutter Erde.

Stelle Dir nun vor, Du bist in einer wunderbaren Landschaft. Es ist wunderbar warm und sonnig und Du spazierst durch eine zauberhafte, magische Umgebung. Wie sieht es dort aus, sieh Dich um. Stehst Du auf einer grünen Wiese oder auf einem Berg? Oder vielleicht in einem wunderschönen Garten mit paradiesischen Blumen? Siehst Du die Schmetterlinge, wie sie die Regenbögen biegen?

Nimm Dir einige Momente Zeit und genieße die schöne Umgebung, in der Du immer weiter in die Entspannung kommst und ganz bei Dir sein kannst.

Jetzt schaue, dass Du einen Zugang in den Himmel findest. Vielleicht eine Treppe oder einen Berg, den Du nach oben gehen kannst. Vielleicht ist es ein Aufzug, mit dem Du ein paar Etagen nach oben fährst oder hinauffliegst.

Oben angekommen, begibst Du Dich zum Platz des Rates der ältesten Tiere. Vielleicht darfst Du noch einen schmalen, gewundenen Pfad durch den Wald nehmen oder Du bist nur umgeben von Wolken und Licht. Wenn Du an dem Platz des Rates der ältesten Tiere angekommen bist, wirst Du alle möglichen verschiedenen Tiere erblicken, die dort im heiligen Kreis sitzen und auf Dich warten.

Begrüße sie freudig, denn Du wirst von jedem der Tiere, die Du erblickst, ein Geschenk erhalten. Tritt achtsam in den Kreis und stelle Dich in die Mitte. Lasse Dich begrüßen und betrachten. Nach einer Weile des gegenseitigen Wahrnehmens schreite nun vor das erste Tier. Die Tiere werden Dir nacheinander verschiedene Eigenschaften, die sie repräsentieren, mitgeben. Stehst Du vielleicht vor einem Löwen, so mag es sein, dass er Dir die Würde oder die Kraft als Geschenk mitgibt.

Stelle Dich nacheinander vor jedes einzelne Tier und lasse Dich beschenken. Es mag auch sein, dass das eine oder andere Tier eine Botschaft für Dich hat. Dabei kommt es nicht darauf an, bestimmte Tiere erblicken zu müssen oder sehr viele. Lasse Dich einfach führen und schaue, welche Tiere sich zeigen mögen. Und selbst wenn es nur ein Tier ist, so bewerte dies nicht. Es mag sein, dass es für Dich zu diesem Zeitpunkt alles ist, was Du benötigst. So nimm diese wertvollen Gaben entgegen, bedanke Dich danach und verbeuge Dich, bevor Du zum nächsten Tier gehst.

Hast Du alle Deine Geschenke eingesammelt, bedanke Dich noch einmal herzlich, spüre Deine Verbundenheit zu ihnen noch einen Moment und verlasse den Kreis. Gehe Deinen Zugang, die Treppe oder den Berg wieder nach unten in die jetzige Wirklichkeit und komme zurück ins Hier und Jetzt.

Gebet Setzung positiver Glaubenssätze

Ich bin liebenswert,
ich bin heil,
ich bin frei,
ich bin großartig,
ich bin gut genug,
ich schaffe das,
ich werde geliebt,
ich bin schön,
ich werde angenommen,
ich werde wertgeschätzt,
ich bin gut,
ich bin wichtig,
ich darf fühlen,
ich habe keine Schuld,
ich bin gewollt,
ich bin erwünscht,
ich darf Fehler machen,
ich darf schwach sein,
ich darf einen eigenen Willen haben.

Amen

Gebet zur Hilfestellung bei Einsamkeit

Ich fülle die Leere auf,
die ich spür, ohne Euch.
Glaube fest ans Wiedersehen,
mit Euch zu lachen und zu tanzen.
Ich fülle die Leere auf
mit Euren Späßen und Gelächter.
Mit Eurer Energie und Fröhlichkeit.
Nur noch eine Weile
muss ich warten.
Doch kann Euch schon spüren,
fühle Eure Umarmungen
und das Glück, mit Euch Freunden zu sein.
Sehe schon Eure Gesichter vor mir
und tauche ein in das Leuchten Eurer Augen.
Darauf leg ich meinen Fokus,
ich halte durch,
denn es ist nur noch eine Weile.
Bis bald.

Amen

Schlusswort

So bin ich nun am Ende unserer Gebetsreise angekommen. Ein tiefes Gefühl von Frieden und Erfülltsein stellt sich ein.

Der Moment, in dem man weiß, dass alles gesagt ist, was gesagt werden durfte, ist jedes Mal ein Moment tiefster Dankbarkeit.

Ich wünsche Dir, liebe/r Leser/in, dass Du in diesem Büchlein einen Weggefährten gefunden hast, das Dir, wann immer Dir danach ist, Inspiration, Impulse, Frieden oder was Du Dir auch wünschst, bietet.

Sobald Du diese Gebete sprichst, sind sie im Feld. So wünsche ich mir heute, dass ganz viele von Euch diese Worte ins Feld geben, zur Heilung von uns Allen.

Gesegnet sei Dein Weg

Renate

Kontakt: Renate Linsmeier AKADEMIE für Bewusstwerdung und Medialität akabema.de

akabema_info@web.de

Elke Leisgang

Gute Kräfte stärken dich

Liebe, Bewusstheit, Vertrauen, Freude – all das, was uns im Leben beglückt oder bestärkt, geht uns im Alltag oft verloren. Entdecke sie erneut in dir.

158 Seiten € 12,50
ISBN 978-3-941435-35-3

Marybelle Kaufmann

Lausche der Stille und geh den Weg des Herzens

Dieses Buch nimmt dich mit auf eine tief berührende Reise zu dir selbst.
Seine klaren Botschaften leiten dich zu einem Dasein in größter Freude, Glückseligkeit und Liebe.
Mach dich auf zu einem neuen Sein
und lasse dich verzaubern.

103 Seiten, geb. € 12,00
ISBN 978-3-946959-32-8

Pierre Pradervand

Segnen heilt

Wie dein Segen die Welt verändert und dich selbst

Schon immer war das Segnen eine spirituelle Handlung der Menschheit. Die Handlung des Segnens besitzt die Kraft, Ihr Leben auf vielfältigste Weisen zu bereichern.

200 Seiten € 16,90
ISBN 978-3-941435-06-3